LE PÉRIGORD MILITAIRE

CHRONOLOGIE DES OFFICIERS GÉNÉRAUX

JUSQU'EN 1792

Extrait du *Bulletin de la Société historique et archéologique du Périgord.*

LE PÉRIGORD MILITAIRE

CHRONOLOGIE

DES

OFFICIERS GÉNÉRAUX

JUSQU'EN 1792

PAR

JOSEPH DURIEUX

DOCTEUR EN DROIT

VICE-PRÉSIDENT DE LA SOCIÉTÉ HISTORIQUE ET ARCHÉOLOGIQUE DU PÉRIGORD

PERIGUEUX

IMPRIMERIE RIBES ET Cie, RUE ANTOINE-GADAUD

1924

LE PÉRIGORD MILITAIRE

CHRONOLOGIE DES OFFICIERS GÉNÉRAUX

JUSQU'EN 1792

Il y a un réel intérêt, pour chaque province, à dénombrer ses célébrités et notabilités dans tous les genres, non seulement ses écrivains, ses artistes, ses administrateurs, ses magistrats, ses ecclésiastiques, mais encore ses capitaines et ses meilleurs soldats.

Le *Chroniqueur du Périgord et du Limousin* commença, en 1855, une galerie des lieutenants-généraux, maréchaux de camp et brigadiers des armées du Roi qu'avait fournis la région ; il consacra des notices à trois officiers généraux et à un brigadier qui étaient originaires du Périgord. La série fut malheureusement interrompue, car cette revue cessa de paraître peu de temps après.

Aujourd'hui, nous entreprenons de recenser, à notre tour, les officiers généraux sortis de la province de Périgord : maréchaux de France, lieutenants-généraux et maréchaux de camp. Ce n'est là, à vrai dire, qu'un assemblage d'éléments biographiques et qu'une suite d'ébauches, de profils et de croquis, de *curricula vitarum* si l'on veut, ou, pour employer le terme technique, d'états de services. D'autres chercheurs, plus complètement renseignés, auront le loisir de reprendre ces notes un peu concises et de les détailler, de les rectifier et redresser aussi. Embrassant un sujet moins vaste que le nôtre ils pourront beaucoup mieux l'étreindre. Mais notre satisfaction déjà serait grande d'avoir débroussaillé, frayé et jalonné leur route. Sans doute, la plupart des guerriers dont nous voulons retracer la carrière sont connus, et on en compte d'illustres parmi eux. Un certain nombre cependant sont demeurés obscurs, malgré leurs titres à une présentation au grand jour. Notre modeste calel essaiera de projeter sur eux quelque clarté (1).

PREMIÈRE PARTIE

Maréchaux de France (2)

Un beau titre et qui sonne bien. La dignité de maréchal de France, qui consistait originairement à veiller sur les chevaux du Roi, et que certains auteurs (3) voudraient faire remonter à Clotaire Ier, au VIe siècle, n'est connue avec certitude que depuis Philippe-Auguste, à la fin du XIIe siècle. On a compté en sept cents ans de notre histoire 324 ou 325 maréchaux jusqu'à Maunoury. Parmi les promotions antérieures à 1792, nous trouvons sept Périgourdins qui ont été titulaires du plus haut des grades de la hiérarchie militaire : quatre Biron, deux la Force, un Ségur.

De propos délibéré, nous omettons les deux maréchaux

---

(1) Outre les documents manuscrits du Ministère de la Guerre, nous avons consulté de nombreux ouvrages imprimés, surtout la *Chronologie historique militaire*, tirée sur les originaux par Pinard (8 vol. in-4°, 1760-1766), la *Carte* et les *Abrégés* de Lemau de la Jaisse, le *Dictionnaire hist. et biogr. des Généraux Français* depuis le XIe siècle jusqu'en 1822, du chevalier de Courcelles, et le *Catalogue historique des Généraux français*, par L. de La Roque (3 vol. in-8°, 1896-1902). — M. Léon Lecestre a publié en 1903 la *Liste alphabétique* des officiers généraux jusqu'en 1762, dont les notices se trouvent dans la Chronologie de Pinard.

(2) BIBLIOGRAPHIE. — Il y a des sources multiples. Bornons-nous à citer, l'ouvrage de Pinard, l'*Histoire Généal. et chronol.* du P. Anselme (Tom. VII, 3e édit., 1733), les *Connétables et Maréchaux*, par le comte L. d'Harcourt (Paris, 1913), les *Maréchaux de France* 1758-1870, par F. Bruel (Paris, 1916) et le *Catalogue* de l'Exposition rétrospective des Maréchaux de France, tenue du 11 mai au 15 juillet 1922, au Palais de la Légion d'Honneur.

(3) De Beaufort, *Recueil concernant le Tribunal de Nosseigneurs les Maréchaux de France* (Paris, 1784), etc.

d'Aubeterre (1) parce que la châtellenie d'Aubeterre, si elle relevait de la juridiction ecclésiastique de Périgueux à cette époque, appartenait effectivement à la sénéchaussée d'Angoulême.

Nous signalons simplement François-Henry de Montmorency, duc de Luxembourg, surnommé le Tapissier de Notre-Dame à cause des nombreux drapeaux que son armée enlevait à l'ennemi, et que Louis XIV créa maréchal le 30 juillet 1675. Bien que le maréchal de Luxembourg fût le petit fils du sarladais Jean de Vienne (1557-1608), contrôleur général des finances et président à la Cour des comptes, on ne pourrait, en effet, le rattacher au Périgord.

Règne de Henri III

2 octobre 1577

Armand de Gontaut, baron (2), puis *duc de Biron*, surnommé Le Boiteux, né au château de Biron en 1524, fils de Jean de Gontaut baron de Biron, seigneur de Montaut, de Montferrand, de Puybeton, Clarens, Bruzac, et de Renée-Anne de Bonneval dame de Chef-Boutonne.

Page de la reine Marguerite de Navarre, il fit comme guidon de la compagnie de Brissac la guerre de Piémont et reçut, en 1554, au siège du fort Marin, un coup d'arquebuse qui lui estropia la jambe. Capitaine de cent chevau-légers de la compagnie de Guise, plus tard maréchal de camp de l'armée de Champagne, il fut chargé de négocier au nom du roi la paix de Longjumeau (mars 1568) avec le sieur de Mesme de Malassise : ce fut la paix qu'on appela, du nom de ses auteurs, la paix boîteuse et malassise. Maréchal et mestre

---

(1) Le 18 septembre 1620, François d'Esparbès de Lussan, vicomte d'Aubeterre, gendre de Bouchard d'Aubeterre, sénéchal et gouverneur du Périgord, et de Renée de Bourdeille ; et, le 13 juin 1783, Joseph-Henri Bouchard d'Esparbès de Lussan, marquis d'Aubeterre. — Aubeterre est devenu chef-lieu de canton de l'arrondissement de Barbezieux, département de la Charente.

(2) Biron, l'une des quatre principales baronnies du Périgord, avec Beynac, Bourdeille et Mareuil, est aujourd'hui une commune du canton de Monpazier, arrondissement de Bergerac.

de camp général le 30 avril suivant, il se fit remarquer aux batailles de Jarnac et de Moncontour, et obtint le titre de grand maître et capitaine général de l'artillerie par lettres données à Condé le 6 novembre 1569 ; il se démit de ces fonctions le 6 juillet 1578. Gouverneur de La Rochelle et pays d'Aunis en 1572, de Saint-Denis en 1574, il devint maréchal de France à la mort de Blaise de Monluc, après la paix qu'il avait traitée à Bergerac avec M, de Montpensier.

Henri III notifia aux sénéchaux de Guyenne la nomination de Biron au maréchalat par la lettre suivante, datée de Poitiers le 8 octobre 1577 :

« Chers et bien aimés, la longue connaissance et certitude que Nous et le feu roy nostre frère dernier décédé, avons de la valeur, mérite et fidélité du sieur de Biron nous a meu à l'eslever à plus grandes charges que celles qu'il tient en ce royaume et de le choisir et promouvoir à la charge et dignité de maréchal de France... pour commander entièrement par toute notre province et pays de Guyenne .. et spécialement pour l'establissement de nostre dernier édict de pacification (1). »

Lieutenant général et gouverneur en Guyenne (25 juillet 1580), il passa au château de Biron tout l'été de 1581 (2).

A la fin de 1588, il vint assiéger Domme dont les Huguenots s'étaient emparés, puis il leva le siège et prit Cazal (3).

Il combattit aux journées d'Arques et d'Ivry. Henri IV, à qui il s'était rallié, l'apprécia vite comme le plus expérimenté, et la plus prudent capitaine du royaume. Ses effets, ses prouesses et ses vertus, remarque Brantôme, nous le dépeignent tel.

Le maréchal se targuait d'avoir passé par tous les grades et déclarait que c'était ainsi qu'il fallait devenir maréchal de France. Voyant que, dans leur choix, les Ministres prêtaient une attention plus grande aux preuves généalogiques qu'aux

---

(1) Bibl. munic. de Bayonne, AA. 27, f° 22. — Document reproduit par M. H. de Boysson dans son étude sur l'Invasion calviniste, *Bull.* de la Soc scientif., hist. et arch. de la Corrèze (Brive), année 1918, p. 27.

(2) Notice par M. Ph. Lauzun dans la *Revue de l'Agenais*, année 1917, p. 85 à 98 (avec planche).

(3, Cabié, *Les guerres de religion en Quercy* ; R. de Boysson, *op. cit.*

services militaires, il affecta de ne produire que peu de titres et invoqua ses faits d'armes comme la meilleure preuve de sa noblesse. Il présenta ses titres au Roi :

— Sire, dit-il, voilà ma noblesse ici comprise.

Et, mettant la main sur la garde de son épée, il ajouta :

— Mais, Sire, la voici encore mieux !

N'était-ce pas une preuve de meilleur aloi que l'atavisme ?

Il reçut, le 4 octobre 1577, un vieil grand collier de l'Ordre de Saint-Michel qui avait appartenu à Monluc. Il devint, le 31 décembre 1581, chevalier de l'Ordre du Saint-Esprit.

Malgré son désir d'être réélu maire de Bordeaux, il s'était vu préférer Montaigne le 1er août 1581.

Au siége de Rouen, dix années plus tard, il répondit à son fils qui voulait terminer la guerre : « Comment ! Nous veux-tu, maraud, envoyer planter les choux à Biron ? » L'âge n'avait pas diminué son ardeur guerrière. Il avait commandé dans sept batailles et en avait rapporté sept blessures. Fidèle à sa devise : *Perit sed in armis*, il eut la tête emportée d'un coup de fauconneau près d'Epernay, le 9 ou le 26 juillet 1592 (1). Longtemps, ses restes ont reposé dans la chapelle du château de Biron (2).

Monsieur le Maréchal Armand de Biron avait épousé, le 6 août 1559, Jeanne d'Ornezan de Saint-Blancard : d'où cinq filles et quatre fils, dont l'un devint maréchal de France. Il fut le parrain du cardinal de Richelieu qu'il tint sur les fonts baptismaux en 1586.

Le maréchal était un lettré, aimant les livres, notant volontiers sur ses tablettes ce qu'il avait lu de meilleur ou de plus curieux, ce qu'il voyait et « oyoit » d'intéressant. Ses tablettes, qu'il portait ordinairement dans sa poche, étaient proverbiales. Excellent géographe, il connaissait jusqu'aux petits ruisseaux que des gentilshommes de la contrée n'auraient pas su lui indiquer.

Le marquis de Paulmy en 1782 lui attribuait des *Maximes et*

---

(1) *L'Intermédiaire des chercheurs et des curieux*, 25 janvier 1876.

(2) Abbé Audierne, in *Annales agricoles et littéraires de la Dordogne*, année 1843.

advis du maniement de la guerre et principalement du debvoir et office du mareschal de camp ; mais cet ouvrage serait peut-être d'André de Bourdeille. Le problème historique, posé dès octobre 1765 par le *Journal de Trévoux*, est diversement résolu (1).

Cent dix-sept lettres de sa *Correspondance* ont été publiées par M. Ph. Tamizey de Larroque dans les *Archives historiques de la Gironde* (Tome XIX, 1873). Trente-six autres adressées par lui aux consuls d'Agen, du 5 novembre 1577 au 1er février 1581, ont paru, grâce à M. G. Tholin, dans le *Recueil* de la Société académique d'Agen (2e série, tome IX). M. Edouard de Barthélemy a édité, en 1874, sa correspondance d'après les documents de la Bibliothèque de l'Ermitage à Pétrograd (2). La Bibliothêque Nationale à Paris et le British Museum à Londres conservent aussi de lui divers écrits.

Le Catalogue de M. Georges Duplessis à la Bibliothèque Nationale mentionne de lui quinze portraits différents. Le Musée de Versailles en possède un, peint par Robert Fleury. Un tableau représentant sa mort à Epernay a figuré à l'Exposition militaire rétrospective de 1900 (à Mme la comtesse de Biron).

Règne de Henri IV

26 janvier 1594

Charles de Gontaut baron puis *duc de Biron*, baron de Saint-Blancard et de Chef-Boutonne, seigneur de Montaut, Montferrand, fils du précédent, né en 1562, prit part aux campagnes de son père, en Guyenne et en Flandre. Colonel des Suisses, capitaine des compagnies d'ordonnance du roi en 1589, maréchal de camp en 1590, maréchal général de camp et capitaine de cinquante hommes d'armes en 1591

Par provisions du 21 août 1592 données à Sedan, Charles de Biron fut nommé maréchal de camp général de toutes les

---

(1) Papiers Lapeyre, carton 2 (Bibl. mun. de Périgueux). — Voir aussi Quérard, *Les supercheries littéraires dévoilées*, 2e éd., I, 565.

(2) Cf. *Bibliographie générale du Périgord*, I, 47 48. — Deux lettres à lui envoyées en 1575 et 1578, par ses cousins Jean de Gontaut Salignac et Armand de Gontaut de Badefol de Saint-Geniez, existant au Séminaire d'Auch, ont été reproduites par M. le comte de Saint-Saud, dans le *Bull.* de la Soc. hist. et arch. du Périgord (1897).

armes du Roi, poste devenu vacant par la mort du marquis de La Valette. Henri IV y faisait savoir qu'il avait bonne et parfaite confiance de la personne de son cher et bien amé le sieur baron de Biron, chevalier de ses Ordres, capitaine de cinquante hommes d'armes de ses ordonnances, conseiller d'Etat, maréchal de camp de ses armées, et qu'il avait connaissance « de ses sens, suffisance, valeur et intelligence au fait des armes, dont il rend tous les jours tant de bonnes preuves et bonne diligence ».

La charge de maréchal de camp général, créée en 1568 par Charles IX et qui était une fonction plutôt qu'un grade, avait été tout d'abord exercée par Armand de Biron, qui s'en démit le jour de sa promotion de maréchal de France. Elle devait s'éteindre à la mort de Charles de Biron, sans être toutefois supprimée.

Chevalier de l'Ordre du Saint-Esprit le 31 décembre 1591, créé amiral le 4 octobre 1592, conseiller d'Etat, maréchal de France gouverneur de Bourgogne, et en 1598 duc et pair, il séjourna en Périgord entre juin et juillet 1601 ; il fut magniquement reçu à Périgueux le 17 juillet. La présence de ce personnage, remuant et ambitieux, se rattachait probablement, comme le croit M. Géraud Lavergne, à ses projets de trahison et aurait eu pour objet de s'assurer le concours de la province au cas où sa conspiration contre le roi réussirait (1).

Arrêté un an plus tard (13 juin 1602), à Fontainebleau, transféré par la rivière à la Bastille de Paris, convaincu du crime de lèse-majesté et d'entreprises contre l'Etat, il se vit condamner par cent vingt-sept juges (2) à être décapité en Grève ; mais il subit son supplice dans l'enceinte de la Bastille, le 31 juillet. Soixante-dix personnes assistèrent à l'exécution qui eut lieu entre les tours de la Comté et du Trésor, sur un échafaud de cinq pied de hauteur. Son père avait fait profession de servir le Roi *bironnement*, c'est-à-dire

---

(1) *Bulletin philologique et historique*, année 1914, p. 41.

(2) Sur son procès et sa mort, V. *Les Dessous de l'Histoire* par Hovyn de Tranchère (1886), Tome 1er, p. p. 225-244, copies d'une relation du temps transcrites sur les mss. de la bibl. imp. de Pétrograd.

fidèlement et en homme de bien. Charles de Biron ne suivit pas un exemple si digne d'être imité.

Sa mère, la veuve de l'illustre maréchal, intercéda auprès du Roi. Cette émouvante lettre, datée du mois de juillet 1602, du château de Biron, mérite la publicité (1), et l'on nous saura gré de la reproduire partiellement ici :

Sire,

. . . .

Dieu a voulu que je sois la mère de ce fils qui est le sujet de cette lettre. Autrefois ce fut ma gloire et le contentement de ma vieillesse ; aujourd'hui, c'est ma misère, et l'affliction et le désespoir de mes vieux ans.

Je parle à Votre Majesté, Sire, toute assurée qu'elle lui veut encore quelque bien ; tant d'honneurs dont Votre Majesté l'a comblé, tant de réputation qu'elle lui a donné, tant de louanges qui sont sorties de sa bouche pour l'honorer.... ne peuvent me persuader que Votre Majesté ne soit touchée de son malheur....

Cependant, Sire, je m'achemine vers Votre Majesté le plus diligemment que mon âge et ma santé me permettent pour jeter aux pieds de Votre Majesté une mère la plus abattue de la fortune que nulle autre qui fût jamais, et ne sachant ce que Dieu résout de mon fils.... Ayez pitié et miséricorde de mon pauvre et misérable enfant...

C'est Votre Majesté, Sire, qui l'a élevé et nourri dans la poussière de ses armes, et qui l'a fait essuyer et reposer dans la douceur de ses grâces et bienfaits.

Ne croyez pas toutefois, Sire, que la nature de mère me fait oublier ce que je dois à mon Roi... Sire, je vous demande la vie de mon fils, s'il se trouve avoir mérité de la perdre, mais je la demande, Sire, à condition que jamais elle ne vous puisse nuire, et vieillisse dans une prison perpétuelle où il aura moyen de prier Dieu pour Votre Majesté et se repentir de ses fautes !

Pour la fin, Sire, au nom de Dieu, ayez pitié de ma condition et

---

(1) L'original de cette lettre, qui appartient à M. le commandant Jean Hanoteau, directeur du *Carnet de la Sabretache*, a figuré à l'Exposition des Maréchaux, tenue en 1922, au Palais de la Légion d'Honneur.

M. H. de Montégut en avait communiqué une copie à la Soc. hist. et arch. du Périgord qui l'a publiée dans son *Bulletin* en 1909, pages 189 à 191.

Votre Majesté juge si j'aurais pu imaginer de lui faire une si misérable requête...

Je suis, Sire, de Votre Majesté, votre très humble et très obéissante servante et sujette...

Charles de Biron n'avait que quarante ans.

Il fut inhumé à l'église Saint-Paul et l'on composa pour lui cette épitaphe :

Passant, que ne te preigne envye
De sçavoir sy Biron est mort,
Car ceulx qui auront sçeu sa vye
Ne pourront pas croire à sa mort.

Le quatrain suivant comparait justement le père et le fils :

Biron servant son prince entre mille gendarmes,
Vieillard, d'un coup de pièce eut le chef emporté.
Son fils, un second Mars, voulant tourner ses armes,
En l'avril de ses ans se voit décapité.

Le souvenir de Biron s'est perpétué dans le Périgord par la populaire complainte où le prisonnier de la Bastille rappelle à Henri IV ses nombreux services et ses trente-six blessures :

Aï coumanda chur mer, chur terro,
E tous cabaliers én Piémoun
Dijian qué n'obio pa-j-én guerro
Un coumandan coumo Biroun.
Asaoublida touto lo péno
Qué per tus you mé choui dounat,
Car dïn moun corp gno pa'no' béno
Qué per moun Rey n'atzé sannat ! (1).

Il existe plusieurs portraits de ce maréchal au Musée de Versailles. Son supplice à la Bastille a fait l'objet de nombreuses gravures. Notre regretté vice-président, M. Ed-

(1) Cf. *Les vieilles chansons patoises du Périgord*, et *Lou Bournat* (1918) contenant des études de MM. Escande et Dujarric-Descombes.

mond Lespinas, dans sa riche collection iconographique, en possédait une série des plus curieuses et des plus variées.

Règne de Louis XIII

24 mai 1622

Jacques-Nompar de Caumont marquis puis duc *de La Force*, né au château de La Force en Périgord le 30 octobre 1558, fils de François de Caumont seigneur de Castelnaud et de Philippe de Beaupoil dame de la Force, de Masdurant, d'Eymet et de Montboyer.

Il fut sauvé, à l'âge de treize ans, sur les cadavres de son père et de son frère aîné, pendant les massacres de la Saint-Barthélemy. Cette étonnante aventure, comme l'a qualifiée Voltaire, a été précisée avec soin et talent par M. le duc de La Force dans un article de la *Revue de France* (n° du 15 février 1922), d'après les documents les plus authentiques. La voici sommairement rappelée. Tandis que le sieur de Caumont, protonotaire huguenot, regagnait sa résidence de Castelnaud, dès le commencement du massacre, son cadet François de La Force et les deux enfants de celui-ci, Armand et Jacques-Nompar, demeurèrent à Paris. Ayant traversé la Seine en barque, ils se rendirent rue Croix-des-Petits-Champs chez le capitaine Martin et lui promirent une rançon de deux mille écus. Le surlendemain, mardi 26 août 1572, à l'extrémité de la rue, près du Rempart, le sieur de La Force et son fils aîné tombèrent sous les coups de poignard que leur portèrent les gens du comte piémontais Annibal de Coconas. Le petit Jacques-Nompar se laissa choir en criant lui aussi : « Je suis mort ! », mais il n'eut même pas « la peau percée » ; il assista à l'agonie, longue et douloureuse, des siens. Vers quatre heures de l'après-midi, un passant, le marqueur du jeu de paume de la rue Verdelet, reluqua les bas de toile qui couvraient les jambes de l'enfant :

— Hélas ! dit-il, quel mal pouvait avoir fait ce petit ? N'est-ce pas grand dommage !

A ces mots, l'enfant souleva la tête qu'il avait collée la face contre terre :

— Sauvez-moi la vie, je vous prie.

-- Ne bougez pas, car *ils* sont encore là !

Un instant après, l'homme revint et lui jeta sur l'échine un méchant manteau ; puis il le pourchassa, faisant semblant de le battre :

— C'est (grondait-il) mon petit neveu qui est ivre et que je fouetterai à bon escient.

Il l'amena chez lui, où l'enfant prit « un morceau » et but « une chopine ». Puis il le cacha dans la paille de son lit. Le 27 août, Jacques-Nompar, déguisé en gueux, trouvait asile à l'Arsenal que commandait le baron de Biron ; il allait ensuite chez Mme de Brisanbourg, sa tante ; enfin, sous le nom de Beaupuy et vêtu en page, il put sortir de la capitale et rejoindre son oncle sur les bords de la Dordogne.

Il devait survivre quatre-vingts ans à cette aventure tragique (1) et parcourir une carrière brillante, durant sept règnes. Il combattit à Arques comme capitaine des Gardes et participa à des affaires nombreuses pour le compte de Henri IV qu'il avait, l'un des premiers, reconnu pour roi. Il se trouvait à ses côtés dans le carrosse royal lors de l'assassinat par Ravaillac et se saisit du poignard du régicide (2). Plus tard, il se battit contre les troupes de Louis XIII qui, ne lui tenant pas rigueur, le nomma lieutenant-général au gouvernement de Périgord, Bergerac et Monflanquin, et le créa maréchal de France le 24 mai 1622 à Sainte-Foy.

En Piémont, il s'empara de Saluces et de Carignan (1630).

En 1634, il prit La Mothe, où, pour la première fois, l'armée française fit usage des bombes. L'année suivante, il reprit Philippsbourg et Spire sur les Impériaux.

En juillet 1637, il obtint l'érection de La Force en duché-pairie.

---

(1) Elle a fait en 1827 l'objet d'un tableau célèbre de Paul Delaroche (Musée de Kœnigsberg).

(2) Cf. *Bull.* de la Soc. hist. et arch. du Périgord, 1922, p. 197.

Il fit son testament à La Force le 15 janvier 1649 (1) et mourut à Bergerac le 9 mai 1652 (2), à l'âge de 93 ans. Il avait demandé à être inhumé sans pompe dans la chapelle des Milandes, près Castelnaud.

D'un premier mariage (5 février 1577) avec Charlotte de Gontaut-Biron, fille du maréchal Armand de Biron le boiteux, dans la chambre de laquelle il avait été caché sous des vertugadins au mois d'août 1572, il eut dix enfants, deux filles et huit fils, dont Armand, maréchal de France ; Henry, maréchal de camp ; Pierre, baron d'Eymet ; Jean, seigneur de Montpouillan ; Jean-Jacob, marquis de Tonneins, maréchal de camp ; François de Castelmoron, maréchal de camp. Il se remaria à 82, puis à 89 ans.

Ses *Mémoires authentiques* et sa *Correspondance* ont été publiés en 1843 par le marquis de La Grange (4 volumes in-8°), en même temps que ceux de ses deux fils les marquis de Montpouillan et de Castelnaut.

Son portrait par P. Reymond, d'après un dessin de la Bibliothèque nationale, se trouve au Musée de Périgueux. On a admiré à l'exposition militaire rétrospective de 1900 son portrait peint, avec une armure traversée d'une écharpe blanche (au duc de La Force).

La *Bibliographie générale du Périgord* (tome II, p. 92) contient d'utiles références sur le duc de La Force, sa lutte contre le duc d'Elbeuf, ses campagnes, notamment celle qu'il fit en Italie avec le maréchal de Schomberg. On sait que le fils de celui-ci, *Charles de Schomberg*, duc de Halluin, pair et maréchal de France, épousa, le 24 septembre 1646 en la paroisse Saint-Sulpice de Paris, la belle Marie de Hautefort, née à Hautefort le 7 janvier 1616, dame d'atour de la Reine, dont l'histoire a été racontée par Victor Cousin.

---

(1) *Bull.* de la Soc. hist. et arch. du Périgord, 1882, p. 247.

(2) Livre-journal de P. de Bessot. *Bull.* de la Soc. hist. et arch. du Périgord, 1893, p. 246.

Règne de Louis XIV

24 août 1652

Armand Nompar de Caumont duc de *La Force*, fils aîné de Jacques-Nompar de Caumont duc de La Force, pair et maréchal de France, et de Charlotte de Gontaut-Biron.

Il fut capitaine de la 3e compagnie des Gardes du Corps du Roi, de 1610 à 1621, et devint maréchal de camp le 19 mars 1625. Après avoir combattu en Piémont, il fut nommé maître de la garde-robe du Roi et exerça cette fonction de 1632 à 1637.

Lieutenant général à l'armée de Guyenne, il eut deux chevaux tués sous lui dans les retranchements de Fontarabie. Sa conduite fut particulièrement brillante dans cette campagne malheureuse. Le 11 septembre 1638, il écrivit de Saint-Jean de Luz au cardinal de Richelieu pour être autorisé à regagner ses terres à cause du déplaisir qu'il éprouvait d'avoir été si malheureux de ne pouvoir remédier au désastre de l'armée française. Mais Richelieu s'empressa de rendre justice au marquis de la Force : « Ce malheur ne serait pas arrivé, répondit-il, si chacun eut agi avec le même soin et affection que vous avez fait en cette occasion » (1). Il obtint, le 2 mars 1641, le grade de lieutenant général des armées.

Créé maréchal à la mort de son père, il prêta serment au Roi à Compiègne le 29 août 1652. Il fut reçu duc et pair de France au Parlement, le 6 mai suivant.

Il mourut au château de La Force le 16 décembre 1675, plus qu'octogénaire.

D'un premier mariage (1609) avec Jeanne de La Rochefaton de Saveilles, il eut notamment une fille, Charlotte, mariée en 1653 au célèbre maréchal de Turenne et morte en 1666, âgée de 43 ans, sans enfants.

---

(1) Musée des Arch. nat (n° 824). *Bull.* de la Soc. hist. du Périgord, 1875, pp. 80, 81, art. de M. Ferd. Villepelet.

Règne de Louis XV

14 juin 1734.

Charles-Armand ou Armand-Charles *de Gontaut duc de Biron*, né le 5 août 1663, fils aîné de François et d'Elisabeth de Cossé-Brissac.

Il fut connu tout d'abord sous le nom de marquis de Biron. Mousquetaire en 1681, il passa lieutenant au régiment du Roi en 1683 et concourut aux sièges de Courtrai et d'Oudenarde; il fut promu capitaine en 1684. Le 15 septembre de la même année, il devint colonel du régiment royal d'infanterie La Marche qui venait d'être créé. En Piémont, où il fit sous Catinat la campagne de 1686, il eut le corps traversé par un coup de feu. Il assista en 1688 aux prises de Philipsbourg, Manheim, Spire, Worms et Trèves. Il se trouva, deux ans plus tard, à la retraite de Dublin puis, en 1691, à l'armée des Alpes. Il se battit à Namur et à Steinkerque, poursuivit les fuyards après Nerwinden, obtint le grade de brigadier en 1596, celui de maréchal de camp en 1702, celui de lieutenant général le 26 octobre 1704. A Huningue, il avait défendu pendant quatre heures le pont sur le Rhin. Il prit part à la bataille de Ramillies ; il fut blessé et fait prisonnier à celle d'Oudenarde (1708).

En repoussant à Landau une sortie des assiégés, le 2 juillet 1713, il eut le bras gauche brisé d'un coup de boulet et subit l'amputation. Le Roi lui conféra le gouvernement de Landau dont Biron ne se démit que le 14 mai 1747, en faveur du duc de Gontaut.

D'autres récompenses lui furent décernées. Nommé premier écuyer du Régent en 1719, duc et pair au mois de février 1723, maréchal de France le 14 juin 1734, il reçut le titre de chevalier des Ordres du Roi le 22 février 1737. Lorsqu'il nomma, dix ans plus tard, le procureur d'office de la juridiction et baronnie d'Eymet, il se qualifia duc de Biron, pair et premier maréchal de France, gouverneur des ville et citadelle de Landau, marquis de Cabrères, comte de Lauzun, de Gearson, du Fleix et de Roussillon, baron d'Eymet, Le Vignac, Meugron et de Rufeix, seigneur de Puyssery, Monpazier, Moncuq, Villefranche, Brisanbourg et autres lieux (1).

Doyen des maréchaux de France, il mourut à l'Institut de l'Oratoire, le 23 juillet 1756.

De son mariage avec Marie-Antonine de Beautru de Nogent (12 août 1686), il avait eu vingt-six enfants, dont Louis-Antoine, qui allait être lui aussi maréchal de France et le marquis de Gontaut, blessé à Dettingen.

Son portrait a été peint par Rigaud. Une autre peinture, par Largillière, appartient à M. le duc des Cars ; au dire d'un critique d'art, ce maréchal au teint éclatant, au visage animé, à l'épiderme satiné, paraît joli comme une femme (2).

24 février 1757

Louis-Antoine de Gontaut *duc de Biron*, premier baron du Périgord, seigneur de la terre et baronnie de Badefol, né le 24 février 1701, était le quatrième fils de Charles-Armand pair et maréchal de France et de Marie-Antonine de Beautru de Nogent.

Connu d'abord sous le nom de Comte de Biron, il entra dans les gardes marines en 1716. Il reçut du Roi, en 1719, une commission de colonel réformé à la suite du régiment de Chartres et leva en 1727, une compagnie au régiment de Noailles cavalerie. Colonel lieutenant de Royal Roussillon infanterie le 22 juillet 1729, il passa en Italie avec son régiment en 1733. Chargé, pendant le siège de Pizzighitone, de faire l'attaque du chemin couvert, il s'y jeta avec tous ses grenadiers et l'enleva (29 novembre). Il se trouva aussi à l'attaque du chemin couvert du château de Milan où il reçut une légère blessure le 29 décembre, et prit part au siège de Cortone. Nommé brigadier d'infanterie par brevet du 20 février 1734, il assista aux attaques du château de Colorno

(1) Arch. dép. de la Dordogne, B. 1757.

(2) *Catalogue de l'Exposition des Maréchaux*, p. 23. Notice par Louis Hourticq.

et à la bataille de Parme. La nuit du 29 juin, il défit un corps de troupes qui protégeait une forteresse et fit prisonniers le général de La Tour avec quatre cents officiers.

Le 31 juillet 1734, il devint inspecteur général de l'infanterie. Après l'affaire de la Secchia, il commanda l'arrière-garde et joignit l'armée à Luzzara sans avoir été entamé. A Guastalla (19 septembre), il battit l'ennemi et enleva ses canons. Maréchal de camp le 18 octobre 1734, il obtint le régiment du Roi. L'année suivante, une nuit, il fit passer la rivière du Mincio à la nage et chassa l'ennemi de Goïto.

Devenu duc de Biron par la démission de son frère le 29 février 1740, il obtint le gouvernement de Landrecies, passa en Bohême l'année suivante et guerroya tout l'hiver en Moravie. Au siège de Prague, il se signala dans les sorties du 19 et du 22 août 1742, où il reçut deux coups de fusil ; lors de la première sortie, il avait pénétré, l'épée à la main, jusque dans la batterie royale défendue par plusieurs bataillons ennemis, il avait fait prisonniers le général et ses soldats, culbuté leurs travaux et encloué canons et mortiers ; l'après-midi du 22, même réussite, qu'il paya de son sang : une balle lui cassa la mâchoire, une autre lui pénétra dans le crâne et l'obligea de se faire trépaner. Le major et deux capitaines du régiment furent mortellement frappés dans un retour offensif pour reprendre ce qu'ils croyaient perdu, un drapeau brisé par un boulet, mais que le comte de Chapt « enseigne et pour lors très jeune » continuait de porter dans cet état ; le capitaine de Vauvenargues, contraint de quitter l'armée à la suite des souffrances qu'il avait endurées pendant le siège, se consacra à la littérature. Quant à Biron, il s'écria malgré ses blessures : « Peu importe ! Je suis content. Le régiment du Roi a soutenu sa réputation » (1). A son retour de Bohême, le roi le fit lieutenant général de ses armées (20 février 1743) et chevalier de ses Ordres (1er janvier 1744).

Sous le maréchal de Noailles il se battit à Ettingen (1743),

---

(1) Ms. de la Bibl. de Nancy. *Carnet de la Sabretache*, 1898, p. 57. V. aussi *Mémoires* du duc de Richelieu, II, 15.

commanda plusieurs brigades, soutint l'arrière-garde, prit Menin en 1744, la basse ville d'Ypres et Furnes. Il s'empara de Fribourg en Brisgau.

Employé à l'armée de Flandre sous le Roi en 1745, il enleva le chemin couvert de Tournai. A Fontenoy, le 11 mai, il fut désigné sur le champ de bataille pour remplacer le colonel des gardes françaises qui avait été tué ; il défendit le village et repoussa trois attaques pendant lesquelles il reçut sur sa cuirasse trois coups de feu, eut sous lui trois chevaux tués et deux blessés. Le titre de colonel des Gardes françaises le récompensa de sa bravoure (26 mai).

A Raucoux (1746) il commanda la réserve. A Lawfeld, étant lieutenant général de jour, il conduisit les troupes à la dernière attaque qui décida l'affaire, il fit avancer les canons qui la favorisèrent et eut un cheval tué sous lui.

Il fut reçu au Parlement comme pair de France le 29 août 1749.

Il habitait d'ordinaire le bel hôtel qu'il possédait rue de Varenne et boulevard des Invalides et qu'avait construit l'architecte Gabriel en 1728 (1), il avait un superbe jardin magnifiquement fleuri et des serres chaudes remplies de plantes rares. Ce jardin lui coûtait chaque année 50.000 francs d'entretien. « Je n'ai que deux maîtresses, déclarait-il à Mme de Fosselandry : mon régiment et mon jardin. Dieu sait ce qu'ils me coûtent ! » Il donnait audience à ses officiers deux fois par semaine. Il recevait beaucoup, et donnait souvent des concerts où se faisaient entendre les meilleurs artistes.

Il s'occupait de ses domaines du Périgord et avait les relations les plus cordiales avec toutes les personnes qui dépendaient de lui. Les habitants de Monpazier se louaient de ses bonnes dispositions. Voici en quels termes il écrivait

(1) L'hôtel Biron, magnifique spécimen de l'architecture du XVIIIe siècle, a été acquis par l'État après la liquidation de la Communauté des Dames du Sacré-Cœur (1910) et abrite depuis 1918 le Musée Rodin.

de Paris, le 10 juillet 1786, à M. Gouyon de Salevert en lui envoyant les provisions de juge de Badefol :

J'ai appris avec bien de la satisfaction, Monsieur, que vous aviez répondu aux vœux de tous les habitants de ma terre de Badefol qui désiraient vous avoir pour juge. Leur opinion et les témoignages favorables que j'ai reçus de vos lumières et de votre équité, m'ont déterminé à signer les provisions que je vous adresse, et je suis persuadé que je ne pouvais pas faire un meilleur choix.

Je suis parfaitement, Monsieur, votre très humble et très obéissant serviteur.

Le M[al] duc *de Biron* (1).

On cite, entre autres, de lui ce joli trait. A l'époque de la guerre de l'Indépendance américaine, l'amiral anglais Rodney se trouvait en prison à Paris, pour dettes. Un journal britannique publia un article offensant pour la France et chercha à faire croire que les Français le retenaient prisonnier parce qu'ils avaient peur de le voir contre l'amiral Suffren. Le maréchal de Biron, révolté par cet article, demanda à Louis XVI la permission de désintéresser les créanciers du marin anglais afin de rendre celui-ci à la liberté, pour prouver aux Anglais que la France était incapable d'une bassesse et que Suffren attendait Rodney. Le roi approuva Biron :

— Je vous envie d'avoir eu cette noble idée, lui dit-il, elle est française et digne de vous.

Le maréchal français acquitta les dettes de l'amiral anglais et, muni de l'ordre royal, alla faire ouvrir les portes de la prison à lord Rodney. « Il y a du Bayard dans ce trait-là, remarque un contemporain (2). Deux ans après, lorque le maréchal apprit la défaite de notre flotte par ce même Rodney, j'ose croire que, s'il fut plus affligé qu'un autre, son noble cœur ne lui reprocha rien. »

Une anecdote témoigne de sa bonhomie, de sa générosité pour les humbles. A la sortie de l'Opéra, un maladroit cocher

---

(1) Archives de la Famille Beauchamps à Pontours.

(2) Duc de Lévis, *Souvenirs et portraits*. — *Anecdotes* de Dugast de Bois Saint-Just, tome Ier ; *Mémoires de Mme la duchesse de Gontaut*, p. 76.

de fiacre fit verser la voiture du maréchal. Les soldats aux Gardes, prenant fait et cause pour leur colonel, arrêtèrent le malheureux phaëton. Dès qu'on lui eut appris le nom de la victime de sa maladresse, il manifesta un regret si profond que M. de Biron, qu'on en instruisit, ordonna qu'on lui amenât le coupable. Le pauvre cocher se prosterna devant lui, il était plus mort que vif et ses excuses étaient vraiment touchantes.

— Me connais-tu ? demanda le maréchal.

— Oui, Monseigneur, répondit-il en tremblant. Pardonnez-moi !

— Regarde-moi bien et, lorsque tu voudras faire de pareilles sottises, donne-moi la préférence. Un autre ne le prendrait pas si bien.

Puis il renvoya le cocher en lui glissant dans la main quelques pièces d'or, afin de l'aider à se remettre, dit-il, de la frayeur qu'il avait eue. Ce trait, ajoute Mme de Fosselandry (1), est digne de Henri IV.

Louis-Antoine de Biron mourut à Paris, en son hôtel, le mardi 28 octobre 1788, à l'âge de 87 ans 8 mois 27 jours. La cérémonie funèbre eut lieu le lundi 3 novembre à l'église Saint-Sulpice, elle fut remarquablement belle : « Tout Paris y courut. On ne parlait d'autre chose » (2). Rien ne fut si beau que cet enterrement, observe la marquise de La Tour du Pin : ce fut la dernière splendeur de la monarchie (3). L'ancien libraire Hardy note que le superbe convoi défila rues de Bourgogne, du Bac, de l'Université, des Saints-Pères, de Taranne, du Sépulcre et du Vieux-Colombier. Sur le parcours se pressait une multitude prodigieuse : une seule croisée s'était louée jusqu'à un louis d'or. L'église était tendue de noir intérieurement et extérieurement, comme son hôtel, avec litres, bandes de velours noir et armoiries. Douze sous-officiers portaient le cercueil en plomb. Deux cents pauvres

(1) *Souvenirs d'une octogénaire*, I, 20. — L'auteur de l'ouvrage serait Lamothe-Langon.

(2) *Mémoires de Mme la Duchesse de Gontaut* (Paris, 190?). Le service eut lieu, non à Notre-Dame de Paris, mais à Saint-Sulpice.

(3) *Journal d'une femme de cinquante ans.*

des deux sexes portaient « un morceau d'étoffe » et des flambeaux. On y voyait le guet à cheval, deux cents enfants de la Pitié, la moitié du régiment des Gardes françaises. On plaça le corps du défunt dans le caveau de la chapelle Sainte-Geneviève, à main droite du chœur, au-dessus de la grande sacristie, ainsi qu'il l'avait demandé lui-même (1).

Il avait épousé le 29 février 1740 Françoise-Pauline de La Rochefoucauld de Roye et ne laissa pas de postérité.

A quatre-vingt cinq ans, paraît-il, il prit en goût Lucy Dillon qui en avait quinze et lui rappelait une dame de son temps ; il lui conta que, dès sa plus tendre jeunesse, il avait étudié avec soin et réflexion les divers inconvénients de la vieillesse dans le monde et qu'ayant été extrêmement ennuyé et importuné par certains vieillards quand il était jeune, il avait pris la résolution d'éviter aux autres, s'il était destiné à vieillir, ce dont il avait souffert lui-même :

Il me conseillait d'en faire autant, écrit Mme de la Tour du Pin. Je me suis toujours rappelé ce conseil. Je l'ai suivi pour la toilette et je m'en suis souvent applaudie, ne trouvant rien de si ridicule et de si laid qu'une femme âgée portant des fleurs et des ornements qui font ressortir plus ouvertement encore les ravages du temps sur son visage.

Un jour, avec cette sorte de grasseyement qui était la belle façon de parler dans la jeunesse de Louis XV, il disait à Mgr Dillon, président du clergé de France : « Monsieur l'Archevêque (les maréchaux de France ne donnaient pas le *Monseigneur* aux prélats), si j'avais le malheur de perdre. Madame la maréchale de Biron, je prierais Mlle Dillon, votre petite-nièce, de prendre mon nom et de me permettre de déposer ma fortune à ses pieds. » Or, ce malheur (mon respectable adorateur s'en serait consolé facilement, ajoute la narratrice) ne

---

(1) *Mes loisirs*, tome VIII, f° 131 (Ms. de la Bibliothèque nationale).

On évalue à 5.000 le nombre des personnes inhumées dans l'église Saint-Sulpice, dont le sol avait la propriété de conserver les corps en les desséchant. Ces sépultures, notamment celles du savant Baluze et de Montesquieu, furent détruites sous la Terreur. Cf. Ch. Hamel, *Histoire de l'église de Saint-Sulpice* (1900).

Dans la *Semaine religieuse* du diocèse de Périgueux (septembre 1922), M. Dujarric-Descombes a rappelé les souvenirs périgourdins qu'évoque l'église Saint-Sulpice de Paris.

l'a pas atteint. Sa femme, dont il vivait séparé depuis cinquante ans pour quelque méfait que j'ai toujours ignoré, lui a survécu et a péri sur l'échafaud avec sa nièce la duchesse de Biron.

Sa veuve eut, en effet, un destin tragique. Impliquée dans l'affaire Noailles-Mouchy-Linguet, la « veuve Biron » se trouva ainsi inculpée par Fouquier-Tinville :

La femme Biron, veuve du maréchal colonel du régiment des gardes françaises qui en aurait fait, s'il eut pu, des esclaves du tyran contre la liberté, mais qui ont montré sous Duchâtelet qu'ils avaient toujours été des hommes libres, n'a pu aimer une révolution qui lui ôtait ses privilèges et les hochets de l'amour-propre et de l'ambition. Aussi n'a-t-elle cessé de démontrer de toutes les manières qu'elle détestait et la liberté et la souveraineté du peuple (1).

Elle fut décapitée le 27 juin 1794.

La mort du maréchal fut une grande perte pour la société, et même, a-t-on dit, un calamité publique. Pour apprécier le caractère et le rôle de l'illustre soldat, nous voulons faire appel au témoignage de quelques-uns de ses contemporains.

Il était noble de caractère, de naissance et de figure. Ce respectable militaire joignait à une valeur brillante une taille, une figure et des manières également nobles ; ses dehors imposants étaient tempérés par une extrême bonté. Il était l'idole du régiment et le père des soldats. On les entendit souvent, pendant la Révolution, dire, pour justifier leur excès, qu'ils n'auraient jamais abandonné leurs drapeaux si le maréchal avait vécu... Seul de tous les grands seigneurs de son temps, il avait de la magnificence sans prodigalité ; il employait ses revenus à tenir un grand état et à faire les honneurs de la capitale aux étrangers de distinction : sa table et ses loges à tous les spectacles leur étaient ouvertes... Sans avoir l'imagination vive et sans être ce que l'on nomme très spirituel, il avait beaucoup de discernement et le jugement très sain (2).

Une dame de la Cour ayant dit que le maréchal n'avait pas inventé la poudre, s'attira cette vive riposte d'un interlocuteur anglais : « Je ne sais pas si le maréchal Biron a pu inventer la poudre ; mais ce qu'on peut affirmer, sans nul doute, c'est qu'il sait s'en servir ».

---

(1) Arch. Nat., W. 397.

(2) Duc de Lévis, *Souvenirs et Portraits*, p. 277 et 366.

Mme de Genlis l'aimait parce qu'il recherchait les jeunes personnes et leur montrait une galanterie chevaleresque. Elle l'aimait encore, non seulement parce qu'il lui envoyait sans cesse des figues, des abricots-pêches (les premiers qu'on ait eus à Paris) et des fleurs de son magnifique jardin, mais parce qu'elle s'instruisait en l'écoutant :

Il avait une taille majestueuse, une très belle figure et l'air le plus noble et le plus imposant que j'aie vu. On dit de Brutus qu'il fut le dernier des Romains, on peut dire du maréchal de Biron qu'il fut en France *le dernier fanatique de la Royauté*... Il était né pour représenter dans une Cour, pour être décoré d'un grand cordon bleu, pour parler avec grâce, noblesse à un roi, pour connaître et sentir les nuances les plus délicates du respect dû au souverain et aux princes du sang, toutes celles des égards dus à un gentilhomme et de la dignité que doit avoir un grand seigneur... Il adorait le roi parce qu'il était roi ; il aurait pu dire ce que Montaigne disait de son ami La Boëtie : *Je l'aime parce que je l'aime, parce que c'est lui et que c'est moi.*

Un jour que l'on faisait devant lui l'énumération des maréchaux de France de son nom : « Vous en nommez un de trop, dit-il, on ne doit pas compter celui qui fut infidèle à son roi » (1).

Dans le *Tableau de Paris* en 1783, Mercier surnomme Louis-Antoine de Biron le patriarche et le modèle de l'armée. Mme de la Tour du Pin le considère comme le dernier grand seigneur du temps de Louis XIV ou, du moins, qui en eut conservé les traditions. Mais ce grand seigneur, ce bel exemplaire de grand seigneur, savait être familier avec la troupe : « Adoré du soldat qu'il chérissait lui-même, il fut peu regretté de l'officier pour lequel il avait trop peu d'égards, a écrit l'un de ses subordonnés (2) ; mais on peut dire à sa gloire qu'il mourut trop tôt pour son infortuné maître ». Il faut ajouter aussi, à la gloire du maréchal, qu'il se montra toujours un chef très brave. Le guerrier de Parme et de Guastalla ajouta de l'éclat à l'illustration de sa famille. Ce fut un grand nom bien porté.

---

(1) *Mémoires* de Mme de Genlis, p. 435.

(2) Général marquis de Maleyssie, *Mémoires d'un officier aux Gardes françaises*, publiés par G. Roberti.

Règne de Louis XVI

13 juin 1783

Philippe-Henri comte puis marquis de Ségur, né à Paris le 20 janvier 1724 et baptisé à l'église Saint-Roch, fils de Henri-François comte de Ségur, seigneur de Ponchat et de Fougueyrolles, baron de Romainville, lieutenant général des armées du roi, et de Philippe-Angélique de Froissy.

Cavalier au régiment d'Orléans-cavalerie, 1738, puis cornette au régiment de Rosen cavalerie le 27 mars 1739, capitaine le 11 août 1740, il fut blessé à la défense de Prague. Colonel du régiment de Ségur infanterie le 22 août 1743, il se distingua en Piémont et en Flandre. A la bataille de Raucoux (11 octobre 1746), il eut la poitrine transpercée d'un coup de fusil. A celle de Lawfeld (2 juillet 1747), tandis qu'il ramenait à la charge son régiment, repoussé trois fois, il eut le bras fracassé, continua de marcher quand même, força les retranchements et ne quitta son poste qu'après la victoire. Louis XV, témoin de l'action, fit à son père cette déclaration rapportée par Voltaire : « Des hommes comme votre fils mériteraient d'être invulnérables ».

Brigadier d'infanterie le 27 juillet 1747, il eut, le 20 août, la survivance de gouverneur général du pays de Foix et de lieutenant général de la Champagne ; il en devint titulaire à la mort de son père, le 18 juin 1751.

Maréchal de camp le 23 mars 1749, employé en Corse en 1756, il prit part ensuite aux batailles de Hastenbeck et de Crefeld.

Lieutenant général le 18 mai 1760, il sauva un corps d'armée à Warbourg et ramena, près de Minden, au duc de Brissac, dix mille fantassins qu'on croyait perdus et qui avaient combattu victorieusement un contre trois pendant cinq heures.

A Klostercamp, il reçut un coup de baïonnette dans le cou et trois coups de sabre sur la tête ; il fut fait prisonnier après avoir résisté longtemps aux grenadiers qui l'entouraient.

Inspecteur général d'infanterie, commandant de la Franche-Comté, Ministre de la guerre le 23 décembre 1780, maréchal de France en 1783, il se fit remarquer par sa justice, sa sagesse et son activité. Il fut sept ans ministre, rétablit la discipline dans l'armée et l'ordre dans les dépenses. C'est à lui que les soldats durent, entre autres mesures heureuses, le bienfait de n'être plus entassés par trois dans un seul lit. Il réorganisa les hôpitaux militaires et conçut la création d'un corps d'état-major, de l'infanterie légère, etc.

Démissionnaire du Ministère de la Guerre le 27 août 1787, il reçut une pension de 30.000 livres le 4 septembre suivant. Ruiné par la Révolution, incarcéré à la Force sous la Terreur, il obtint du Premier Consul le traitement de réforme de général de division (5 mars 1800). Lorsque le vieillard vint aux Tuileries pour offrir ses remerciements, Bonaparte marcha à sa rencontre, l'accueillit avec déférence, puis le reconduisit jusque sur l'escalier en commandant que les honneurs lui fussent rendus comme autrefois ; la garde prit les armes et les tambours battirent aux champs.

Il mourut à Paris le 8 octobre 1801, âgé de soixante dix-huit ans. Il était chevalier de l'Ordre du Saint-Esprit depuis le 7 juin 1767.

Il avait épousé à Paris (Saint-Eustache), le 13 février 1749, demoiselle Anne-*Madeleine* de Vernon, qui mourut en 1778. Il avait porté en dot comme immeubles la terre et seigneurie de Fougueyrolles léguée par son oncle, l'évêque de Saint-Papoul, et qui était affermée trois mille livres par an. Il laissa deux fils : Louis-Philippe, grand maître des cérémonies et ambassadeur, et Joseph-Alexandre, maréchal de camp et homme de lettres. L'ouvrage publié par le Comte de Ségur en 1895 sur *Le Maréchal de Ségur, ministre de la guerre sous Louis XVI,* contient les plus utiles renseignements à tous égards.

Supprimée par la loi du 21 février 1793, la dignité de maréchal ne reparut qu'en 1804, avec la promotion de dix-huit maréchaux d'Empire.

SECONDE PARTIE

Lieutenants Généraux des Armées du Roi

Immédiatement après la dignité de maréchal de France, il y avait, dans la hiérarchie militaire depuis Louis XIII, le grade de lieutenant général des armées du Roi. La liste des lieutenants généraux qu'il a été possible de dresser au Ministère de la Guerre, ne remonte pas au-delà du 4 juillet 1621.

Mais nous trouvons, à une époque antérieure, sous le règne de François Ier ou de Henri II, un personnage dont le rang fut au moins égal à celui de lieutenant général. Il s'agit de *Jacques de La Brousse*, né dans le Nontronnais en 1486. Ayant embrassé jeune la profession militaire, il devint successivement lieutenant de cent hommes d'armes, capitaine de cinquante lances, commandant de corps d'armée. Il eut pour élève le fils aîné de Henri II et de Catherine de Médicis, qui régna sous le nom de François II et épousa Marie Stuart. Lorsque cette princesse retourna en Ecosse après son veuvage et eut à lutter contre des sujets rebelles, Jacques de La Brousse lui amena un renfort de deux mille hommes et défendit vigoureusement, à l'âge de soixante-quinze ans, la ville de Leith assiégée par les insurgés écossais. De retour en France, il servit dans l'armée catholique auprès du duc de Guise, il jouissait du traitement de maréchal de France, dont le premier bâton vacant lui était promis (1), quand il périt glorieusement avec son fils le 19 décembre 1562 à la bataille de Dreux, l'une des plus sanglantes rencontres des guerres de religion.

La carrière d'un tel guerrier mérite mieux que cette mention écourtée et devrait tenter la curiosité d'un biographe.

Règne de Louis XIII

Le *2 mars 1641*, fut créé lieutenant général Armand Nompar de Caumont, marquis puis duc de *La Force*. Nous avons constaté son élévation au maréchalat en 1652 (voir ci-dessus).

(1) *Biographie universelle* Michaud, Suppl. (1841), tome 69e, page 244.

3

Règne de Louis XIV

12 septembre 1650

François-Sicaire marquis *de Bourdeille* (1), fils d'Henry vicomte de Bourdeille, marquis d'Archiac, et de Madeleine de La Châtre.

Conseiller du Roi et capitaine de cinquante hommes d'armes dès 1641, il succéda à son père, décédé, dans la charge de sénéchal et gouverneur de Périgord. Il fit son entrée solennelle à Périgueux le 25 août 1642, au bruit des cinq canons de l'arsenal : Messieurs les Chanoines le reçurent à Saint-Front, les Maire et Consuls lui offrirent un dîner de trente-quatre couverts à la maison de ville (2). Promu maréchal de camp le 21 mai 1646 et lieutenant général le 12 septembre 1650, il eut la commission, un peu plus tard, à deux reprises différentes, de lever divers régiments d'infanterie et de cavalerie. Il s'était déclaré pour le prince de Condé, qui passait à Périgueux, et cette adhésion amena sa destitution. Il mourut à Paris, sans alliance, le 8 mai 1672 (d'autres disent en 1678), n'ayant pas été reçu chevalier des Ordres.

Son frère cadet, Claude comte de Montrésor (3) (1608-1663), l'un des meneurs de la Fronde, est l'auteur de *Mémoires* intéressants.

23 août 1651

Charles-Antoine de Ferrières marquis *de Sauvebeuf*, fils aîné de Jean de Ferrières baron de Sauvebeuf, seigneur de Pontbreton, La Tiercerie, Saint-Michel, Beaulieu, Le Cheylar, Aubas, etc., maréchal de camp, et de Claude des Cars, né en 1596, mort en 1663 tragiquement.

---

(1) Bourdeille, commune du canton de Brantôme, arrond. de Périgueux.

(2) Livre-Journal de Pierre de Bessot publié par MM. Tamizey de Larroque, Paul Huet et le comte de Saint-Saud. *Bulletin* de la Soc. hist. du Périgord, année 1893, page 99.

(3) Montrésor, château des XVe et XVIe siècles, chef-lieu de canton d'Indre-et-Loire, arrondissement de Loches.

La vie de ce personnage, qui fut le plus considérable de sa race, a été un perpétuel combat en Allemagne, en Italie et en France, comme le disent MM. Paul Huet et le vicomte Paul de Chabot dans l'intéressante notice historique qu'ils lui ont consacrée en 1903 (1).

D'abord capitaine de chevau-légers, ensuite mestre de camp du régiment de Sauvebeuf-cavalerie le 16 mai 1635, et du régiment de Sauvebeuf-infanterie de 1637 à 1648, il fut promu maréchal de camp le 22 mai 1637, lieutenant général le 23 août 1651, commandant des troupes de Guyenne en 1653. Attaché à la cause du Parlement et des Princes, il vint en Périgord sous un déguisement de chasseur. Il prêta serment devant le Parlement de Bordeaux comme général des armées du Roi *(sic)*. En 1649, la garnison du Château-Trompette capitula entre ses mains, et les Bordelais ne l'appelèrent plus que Sauve-peuple. Il se trouva en novembre 1651 à Nontron, enleva Agonac et Château-l'Evêque en décembre de la même année (2).

Son union en 1626 avec Marguerite de Pierre-Buffière, veuve du marquis de Châteauneuf, lui valut le titre de premier baron du Limousin. Il se remaria, dix ans plus tard, avec Marie-Claude de Rousiers dame de Chéronnac. D'où cinq enfants du second lit. Sa petite-fille fut la grand'mère de Mirabeau.

10 juillet 1652

Jean *de Souillac marquis de Montmège* (3), cinquième du nom, fils de Jean seigneur de Montmège, et de Jeanne de Pompadour.

Successivement conseiller du Roi, mestre de camp d'un régiment d'infanterie, capitaine colonel des Cent Suisses de la Garde du Roi, il reçut la décoration de l'Ordre du Saint-

---

(1) Imprimée à Abbeville. Un volume in-4°, 142 pages, blasons.

(2) Livre-Journal de P. de Bessot, *loc. cit.*, p. 168.

(3) Montmège, commune de Terrasson, arrond. de Sarlat.

Esprit le 15 janvier 1652, le grade de lieutenant général le 10 juillet suivant, et le surnom de bon capitaine.

Il mourut en 1655, sans alliance.

16 juin 1655

Jean *de La Cropte* (1) *marquis de Saint-Abre* (2), comte de Rochefort, d'Aixe en Limousin et de Rochemeaux en Poitou, 3e fils de François de La Cropte seigneur de Beauséjour (3) et de Saint-Abre et d'Antoinette de Jousserand.

Une sœur plus jeune de ce lieutenant général, Louise de La Cropte, épousa le 1er octobre 1647 Pons de Salignac comte de Fénelon vicomte de Saint-Julien baron de Loubert seigneur de La Mothe et de Mareuil; elle fut la mère de l'illustre archevêque de Cambrai, François de Fénelon.

Jean de La Cropte eut d'abord une compagnie de chevau-légers dans le régiment des Roches-Baritaut, depuis Châteaubriand, à sa formation le 24 janvier 1638, et servit la même année, sous le duc de Longueville, à la prise de Blamont et de Lunéville. Il guerroya sous le comte du Hallier en Lorraine (1639) et sous le marquis de Tavannes en Bourgogne (1640). Passé en Catalogne jusqu'en 1644, il se distingua à Llorens où il fut blessé, à Lérida, en attaquant un couvent où l'ennemi s'était fortifié, et au siège de Tortose. Major en 1645, on le trouve trois ans plus tard en Italie. Il était à la soumission de Bordeaux en 1650 et recevait, le 14 août, son brevet de maréchal de camp. Par commission du 24 septembre 1651, il levait un régiment de cavalerie. L'année suivante, avec le marquis de Sauvebeuf, il poursuivait les Frondeurs et les troupes de Baltazar qui avaient attaqué Sarlat; il leur faisait évacuer

(1) Cette famille connue depuis le XIIe siècle tire son nom de la paroisse de La Cropte, aujourd'hui commune du canton de Vergt, arrondissement de Périgueux. — L'*Annuaire de la Noblesse* de 1856 (Borel d'Hauterive) contient un Précis hist. et généal. sur la maison de La Cropte.

(2) Aujourd'hui Saint-Apre, commune de Tocane-Saint-Apre, canton de Montagrier, arrondissement de Ribérac.

(3) Beauséjour, château près de Tocane-Saint-Apre, sur la Dronne.

Salignac (1). Il servait de nouveau en Catalogne lorsqu'il reçut (12 avril 1653) le gouvernement de Salces (2) qu'il conserva jusqu'à sa mort.

Créé lieutenant général le 16 juin 1655, en même temps que dix-sept autres officiers généraux, dont les futurs maréchaux D'Estrées et de Schomberg, il fit lever aux Espagnols le siège d'Urgel. Il commanda les troupes en Guyenne de 1658 à 1659 et licencia son régiment le 20 juillet 1660. Employé à l'armée de M. le Prince de Condé le 20 avril 1672, il assista à la prise du fort de la Lippe, près de Wesel en Hollande ; le 10 juin, il reconnut la rive droite du Rhin et escarmoucha contre les ennemis, d'une manière peut-être intempestive, car il donna l'éveil au Prince d'Orange (3). Il prit part en 1673 à l'enlèvement de nombreuses places.

Le marquis de Saint-Abre fut affecté à l'armée de M. de Turenne par lettres du 5 avril 1674. A la bataille de Sinsheim, le 16 juin, il commanda la première ligne de cavalerie à l'aile droite, tandis que Turenne dirigeait la seconde. C'est à sa valeur qu'on attribue le passage si prompt de nos troupes au-delà du ruisseau ; mais à la première charge contre les cuirassiers impériaux, il fut « fort blessé » en tête de ses escadrons, et son fils aîné, le lieutenant de Rochefort, du régiment de Languedoc, fut tué. Dans cette première charge, tous les officiers français reçurent des blessures ou des coups dans leurs armes ; deux brigadiers y périrent, Beauvezé et Coulange. Longtemps la mêlée fut effroyable : on ne se reconnaissait plus au milieu du désordre et de la poussière, les étendards furent plusieurs fois pris et repris. Turenne déclara qu'il n'avait jamais vu bataille plus opiniâtrée (4). L'ennemi, fort de 1200 fantassins, de 300 dragons et de 6000 chevaux, était en bataille sur une hauteur au-delà de la ville : « Toutes les

(1) *Bull.* de la Soc. hist. du Périgord, 1910, p. 79.

(2) Bourg des Pyrénées-Orientales, à 15 kilomètres de Perpignan.

(3) Général Hardy de Périni, *Batailles françaises*, V. p. 14. — Cf. *Mémoires* du comte de Guiche.

(4) C. Rousset, *Histoire de Louvois*, II, 73.

troupes de Votre Majesté, mandait Turenne au Roi le 17 juin, y ont très bien fait et les officiers généraux à les commander. M. de Saint-Abre et par ses avis et dans l'exécution a une très grande part à l'action ; il est fort dangereusement blessé. J'en parlerais davantage s'il n'était pas en si grand danger. Son fils a été tué. Il commandait à la droite. M. de Foucaut a très bien agi à la gauche et comme un homme de grand cœur et qui a vu beaucoup d'actions » (1).

Louis XIV répondit de Tonnerre, le 22 juin, à Turenne pour le féliciter de ses succès et lui marquer tout le plaisir qu'il éprouvait à constater la manière dont se comportaient les officiers : « J'ai bien du déplaisir, ajoutait-il, du mauvais état des blessures de *Saint-Abre* et de Beauvezé. Je veux pourtant espérer que les premières nouvelles que j'en aurai seront meilleures. »

Saint-Abre avait eu la jambe cassée « proche le genouil » et les bons souhaits du Roi ne devaient pas se réaliser. Le blessé, qui se sentait mortellement frappé, écrivit lui-même au Roi qu'il ne se faisait aucune illusion :

Philipsburg, 24 juin 1674.

Sire,

Mon fils et moi perdons la vie dans le même combat. C'est finir dans les formes, et je crois que Votre Majesté sera contente de l'un et de l'autre.

Ma mémoire attend de recevoir les récompenses que ceux qui servent depuis moi ont déjà obtenues. J'ai toute ma vie vécu comme une personne de grands biens, mais cela n'a été qu'aux dépens de la bourse de mes amis. Il me reste six enfants qui ont les mêmes sentiments que l'autre. J'espère que Votre Majesté aura la bonté de ne pas les abandonner au méchant état de mes affaires que jusques au dernier moment de ma vie, qui sera apparemment demain, je mourerai de Votre Majesté le très humble, etc. (2).

---

(1) Comte de Grimoard, *Collection des lettres et mémoires du Maréchal de Turenne*, II, 509.

(2) Cette lettre « d'une simplicité sublime » a été imprimée dans les *Œuvres de Louis XIV* (II, 152) et reproduite dans l'*Histoire de Louvois*, par C. Rousset (II, 74 note) et par A. Chuquet dans la revue *Feuilles d'Histoire*, n° du 1er février 1910.

Le 26 juin, à la fin d'une lettre datée du camp près Neustadt, Turenne signala que le marquis de Saint-Abre avait succombé à ses blessures et pria le Roi de s'intéresser au sort de ses enfants. Nous citons le passage qui a été omis dans Grimoard :

M. de Saint-Abre est mort de ses blessures. Il laisse beaucoup d'enfants et une famille toute ruinée. Il a icy un fils fort jeune qui n'a que seize ans. S'il plaisoit au Roy garder son gouvernement pour ses enfants, ce leur seroit une resource, et s'il y en avoit quelqu'un capable de tenir des bénéfices on tascheroit insensiblement à payer les créanciers, et les enfants pourroient avoir un peu de bien de reste.

Par contrat du 22 décembre 1638, Jean de Saint-Abre et de Beauséjour avait épousé Catherine de Salignac, fille d'Achille de Salignac comte de Rochefort, et de Marguerite-Marie de Meilhars. D'où quatre fils et une fille, qui fut religieuse à Puyberland en Poitou ; l'aîné, page en la Grande Ecurie, connu sous le nom de M. de Rochefort, périt à Sinsheim, comme on l'a vu ; le cadet, François (1), épousa en 1677 une La Rochefoucauld Bayers, et fut père de quatre enfants ; le troisième fils, chevalier seigneur de Sérillac, est l'auteur de la branche du Sibiou ; le plus jeune enfin, appelé le chevalier de Saint-Abre, devint lieutenant des vaisseaux du Roi (2).

Le nom du marquis de Saint-Abre a été gravé sur les tables de bronze du Musée de Versailles.

Un an plus tard, le 27 juillet 1675, le maréchal de Turenne tombait à son tour à Salzbach, comme Saint-Abre et son fils à Sinsheim. C'était bien, pour lui aussi, finir en soldat, — « dans les formes » !

---

(1) Saint-Simon, toujours mauvaise langue, prétend que Saint-Abre n'était qu'un vieux libertin, bien fait, ayant aimé et été bien traité des dames ; mais il le considère comme un gourmet, un homme d'esprit, plein d'honneur et d'un commerce très sûr, n'ayant jamais voulu se lier au service et ayant rempli presque toute sa vie les fonctions d'aide de camp, notamment en Hongrie avec le Prince de Conti. Dangeau, XVIII, 209.

(2) *Collection Périgord*, tome 66, p. 154. (B. N., Ms.).

1er juillet 1655.

François *de Gontaut* marquis *de Biron.*

Il obtint en 1647 une compagnie de chevau-légers qu'il commanda aux sièges de La Bassée et de Lens et fit en 1648, comme mestre de camp du régiment des Galères, la campagne d'Italie. Il fut nommé maréchal de camp le 25 septembre 1649 et chevalier des Ordres du Roi le 24 octobre 1651.

Le 28 décembre 1651, par provisions données à Poitiers, il succéda au marquis de Bourdeille comme sénéchal et gouverneur du Périgord. Il devint conseiller d'Etat le 19 janvier 1655, puis lieutenant général par pouvoir donné à Soissons le 1er juillet de la même année. Il fut de nouveau employé à l'armée d'Italie.

Il mourut à l'âge de 71 ans, le 22 mars 1700 (1). Il avait contracté mariage d'abord avec Elisabeth de Cossé-Brissac, puis avec Béatrix Le Dour.

14 mars 1670

Antonin-Nompar *de Caumont*, comte puis duc *de Lauzun* (2), né en mai 1638, fils de Gabriel et de Charlotte de Caumont La Force.

Ce personnage, moins guerrier que romanesque et plus gascon que périgourdin, n'est autre que le célèbre Lauzun, si connu comme l'amant et le mari de la Grande Mademoiselle.

Après avoir passé au château de La Force son adolescence, il fit ses débuts sous le nom de marquis de Puyguilhem (3) (on prononçait alors Péguilin). Il assista à Saint-Jean de Luz au mariage de Louis XIV, devint capitaine des cent gentilshommes au bec de corbin et participa à diverses guerres : à la bataille des Dunes, aux sièges de Lille et de Dôle, à la bataille de la Boyne. Il fut colonel général des dragons et capitaine d'une compagnie des gardes du Corps du Roi.

---

(1) Pinard, *op. cit.*, IV, 219.

(2) Lauzun, chef-lieu de canton de l'arrondissement de Marmande (Lot-et-Garonne).

(3) Puyguilhem, chef-lieu de commune du canton de Sigoulès, arrondissement de Bergerac.

Candidat à la dignité de maréchal de France, il pria le Régent, d'un ton doux et modeste, de se souvenir qu'il était depuis plus de trente années le doyen des lieutenants généraux.

Il mourut à Paris, au couvent des Petits-Augustins, le 19 octobre 1723, âgé de quatre-vingt-dix ans et quatre mois. A soixante-deux ans, il avait épousé Geneviève de Durfort-Lorge, demoiselle de Quintin, qui avait quatorze ans (18 mai 1695). Sa liaison avec Mlle de Montpensier avait été, suivant l'expression de Mme de Sévigné en 1670, l'histoire la plus étonnante, la plus surprenante, la plus merveilleuse, la plus miraculeuse, la plus triomphante, la plus étourdissante, la plus inouïe, etc. M. le duc de La Force lui a consacré naguère, sous ce titre : *Lauzun, Un courtisan du Grand Roi,* un volume des plus attachants.

Lauzun a été dépeint par La Bruyère sous les traits de Straton qui naquit sous deux étoiles : malheureux, heureux dans le même degré. « Sa vie est un roman, a écrit l'illustre auteur des *Caractères ;* mais il lui manque le vraisemblable. Il n'a point eu d'aventures. Il a eu de beaux songes, il en a eu de mauvais. Que dis-je ? on ne rêve point comme il a vécu. »

Au physique, ce héros de roman était fort laid : il avait des cheveux filasses, un nez rouge, « une figure de chat écorché ». On sait qu'il exerça beaucoup d'influence sur son neveu Armand d'Aydie de Rions (1), gendre du Régent par son union avec la Duchesse de Berry, et qui n'était pas lui-même plus beau que son oncle.

24 août 1688

Henry de *Hautefaye, marquis de Jauvelle.*

Ce lieutenant général des armées de Louis XIV, resté presque inconnu jusqu'à présent et qui, vraiment, mérite autre chose que le silence des historiens, devait sortir de notre pays où se trouvent les lieux dont il a porté et illustré les noms : Hau-

(1) Cf. notre étude sur le Comte de Rions. (*Bulletin* de la Société historique et archéologique du Périgord, 1920.)

tefaye, repaire noble de la paroisse de La Tour Blanche, qu'il faut éviter de confondre avec le bourg du Nontronnais ; et Jovelle ou Jauvelle, château de ce voisinage, qu'habitèrent les aînés de la famille de La Croix (1).

Henry de Jauvelle prit part au siège d'Arras (1640) et devint capitaine, puis major du régiment de Conti-cavalerie. Comme sous-lieutenant des Mousquetaires noirs (2e compagnie), il servit à tous les sièges que fit le Grand Roi pendant la campagne de 1672. A Maestricht, l'année suivante, il reprit un étendard à l'ennemi. En 1674, il se distingua en Franche-Comté, ensuite à Dinant, à Huy, à Limbourg. Il était capitaine lieutenant des mousquetaires lorsque, au siège de Condé (avril 1676), il fut enlevé par une fougasse ou fourneau de mine qui explosa à côté de lui ; il en fut quitte pour quelques meurtrissures. Promu brigadier le 25 février 1677, il emporta d'assaut la ville de Valenciennes où il pénétra avec impétuosité, bientôt rejoint par sa compagnie. « Le Roi distingua fort bien à leurs habits rouges, a écrit Pellisson, les mousquetaires qui étaient dans la demi-lune enfermée dans l'ouvrage couronné. Cela paraissait incroyable, car l'ordre était de se loger dans l'ouvrage couronné et de s'arrêter là. » Le pâté également fut pris (2). Il reçut alors de Louis XIV une commission et les appointements de maréchal de camp (3).

Il assiégea Cassel et Cambrai, Gand et Ypres, etc. Il devint gouverneur de Ham le 23 février 1678, maréchal de camp le 29 juillet 1683, enfin lieutenant général le 24 août 1688. Au siège de Mons (1691), il marchait à la tête du détachement de mousquetaires qui emporta l'ouvrage à corne. Il se trouvait au siège de Namur et mourait le 1er juin 1692.

29 janvier 1702

A cette date, fut créé lieutenant général Messire Yrieix *de Magontier de Laubanie,* né à Saint-Yrieix en Limousin le

---

(1) Communication de M. Dujarric-Descombes. *Bull.* de la Soc. histor. du Périgord, année 1889, p. 164.

(2) Le Thueux, *Essais histor. sur les Mousquetaires*, I. 60.

(3) *Gazette de France*, 27 mars 1677.

6 février 1641, enseigne en 1665, maréchal de camp du 25 avril 1691, qui acquit la terre et seigneurie du marquisat d'Azerat (1), et mourut à Paris le 25 juillet 1706, des suites de blessures qu'il avait reçues en 1704 au siège de Landau et qui lui firent perdre la vue (2).

On crut généralement que Laubanie obtiendrait le bâton de maréchal. Le duc de Bourgogne, qui avait pour lui beaucoup d'estime, le présenta au Roi en disant :

— Sire, voilà un pauvre aveugle à qui il faudrait donner un bâton.

Louis XIV ne répondit rien.

Nous avons cru pouvoir comprendre ce très brave lieutenant général dans une Chronologie du Périgord à raison de sa seigneurie d'Azerat. Nous le citons surtout pour mémoire.

23 décembre 1702

Ce même jour furent nommés lieutenants généraux les deux frères François-Marie et Louis-Charles d'Hautefort. Ils étaient fils de Gilles marquis d'Hautefort et de Marthe d'Estourmel, qui n'eurent pas moins de dix-sept enfants.

François-Marie comte puis marquis *d'Hautefort*, né au château d'Hauterive (Maine) le 16 août 1654, était seigneur de Pompadour et de Sarcelles, comte de Montignac, baron de Thenon et autres places. Il eut pour marraine la belle, spirituelle et vertueuse Marie d'Hautefort duchesse de Schomberg.

Cadet aux Gardes du Corps à dix-neuf ans, il devint successivement brigadier d'infanterie le 9 janvier 1691, maréchal de camp le 3 janvier 1696, lieutenant général à la fin de 1702, gouverneur de la ville et citadelle de Guise en 1717. Le Roi le nomma chevalier de Saint-Louis en 1694 et chevalier de ses Ordres en 1724. Il fut plusieurs fois blessé, notamment à Senef et à Mayence. A la bataille de Malplaquet (3), il soutint, à la droite de l'armée, les attaques des Alliés et leur enleva divers trophées.

---

(1) Azerat, commune du canton de Thenon, arrondissement de Périgueux.

(2) Pinard, *Op. cit.* IV, 424.

(3) Cf. notre communication à l'occasion du bi-centenaire de cette bataille. *Bull.* de la Soc. hist. du Périgord, 1909, p. 475-476.

Il décéda à Paris le 8 juillet 1727 et fut inhumé aux Jacobins de la rue Saint-Honoré. Saint-Simon affirme qu'Hautefort mourut « bien fâché, avec raison, de n'être pas fait maréchal de France. »

Le 8 mars 1687, il avait épousé Marie-Françoise de Pompadour, fille d'un lieutenant général, et ce mariage le rendit seigneur de nombreuses possessions qui s'étendaient en Périgord et en Limousin, de Montignac à Rochechouart (1).

Son frère plus jeune, *Louis-Charles d'Hautefort*, connu sous le nom de chevalier d'Hautefort, puis sous celui de *marquis de Surville* (titre qui lui venait d'une terre de sa mère), naquit à Paris le 27 juin 1656 et fit partie des Pages. Après avoir appartenu au régiment du Roi, il commanda un régiment de son nom, devint brigadier le 30 mars 1693 chevalier de Saint-Louis en 1695, maréchal de camp le 3 janvier 1696. Il fut blessé au combat de Steinkerque et, plus tard, à la défense de Lille. Louis de Bourbon prince de Condé, qui aimait de tout cœur *le pauvre baron* de Surville, fut inquiet de cette dernière blessure : « Personne n'est plus de ses amis et ne l'aime plus que moi », mandait-il à Gilles d'Hautefort, en réclamant de ses nouvelles (2).

Lorsqu'il défendit Tournai, pendant la terrible année 1709, il fit fondre et monnayer sa vaisselle d'argent pour payer ses troupes. A la mort de Choiseul, doyen des maréchaux de France, en 1711, le duc du Maine l'invita à se mettre sur les rangs pour obtenir le maréchalat. Saint-Simon le calomnie dans ses Mémoires.

Le marquis de Surville mourut à Paris le 19 décembre 1721. On l'inhuma dans l'église des Carmes, rue de Vaugirard. De son mariage, en 1686, avec Louise d'Humières, fille du maréchal, il laissait un fils, Emmanuel, et plusieurs filles.

---

(1) J. du Teillet de Lamothe, correspondance de F.-M. d'Hautefort avec MM. de Bigorie. Cf. Louis de Nussac, *Une grande terre seigneuriale, Pompadour et Hautefort 1684-1695.*

(2) *Généalogie de la Maison d'Hautefort (Niort, 1898), p. 163.*

Son portrait est conservé au château de Suzanne en Picardie (1), près de Péronne.

26 octobre 1704.

Charles-Armand de *Gontaut* marquis, puis duc *de Biron*. Est devenu maréchal de France en 1734. (Voir plus haut.)

Jean *de la Baume*, chevalier, puis commandeur *de Forsat*, promu maréchal de camp le 23 décembre 1702, participa aux sièges de Brisach et de Landau et devint lieutenant général le 26 octobre 1704 (2).

Jean *de Vivant*. (Voir aux Maréchaux de camp.)

Règne de Louis XV

8 mars 1718

Gabriel, chevalier *d'Hautefort*, né au Mesnil Saint-Firmin (Oise) le 15 février 1669, 8e enfant de Gilles et de Marthe d'Estourmel, frère des deux lieutenants généraux dont il a été question ci-dessus, et de Gilles comte d'Hautefort qui fut nommé en 1722 lieutenant général des armées navales.

Il servit d'abord au régiment d'Anjou, passa en 1692 colonel du régiment de Charolois et, en 1696, d'un régiment de son nom. Il porta le nom de comte de Montignac. Brigadier d'armée le 22 décembre 1702, chevalier de l'Ordre de Saint-Louis en 1704, maréchal de camp le 20 mars 1709, premier écuyer de la duchesse de Berry en 1711, il fut promu lieutenant général en 1718.

Il mourut sans alliance le 17 février 1743, à l'âge de 74 ans.

On possède, au château de Suzanne, un portrait de Gabriel d'Hautefort.

---

(1) *Ibid*, 166.

(2) Pour les détails, voir Pinard, *op. cit.*, IV, 526.

1er octobre 1718

Henry *d'Hautefort comte de Bruzac* (1), fils de Charles d'Hautefort chevalier seigneur de Marquessac, Bruzac, Ajat, Ans et Sainte-Orse, et d'Anne du Bosc de Canteloup.

Voici ses états de services : Mousquetaire en 1677, capitaine dans le régiment de Du Guast-cavalerie, 20 octobre 1683 ; passé au régiment de Bissy-cavalerie, 20 août 1688 ; capitaine des carabiniers de ce régiment, 29 octobre 1690. Major de la brigade de Courcelles, à la formation du régiment des Carabiniers, 1er novembre 1693. Rang de mestre de camp, 4 mars 1702. Deuxième aide-major général des Gardes du corps du Roi, 14 mars 1702, date du brevet qui lui donne rang d'enseigne dans ce corps ; brigadier, 10 février 1704 ; premier aide-major général, 9 avril 1708, rang de lieutenant le 1er mai suivant. Maréchal de camp, 20 mars 1709. Major général des Gardes du corps, 15 juillet 1716. Lieutenant général, 1er octobre 1718. Gouverneur des villes d'Obernai, Rosen et Kokesberg en Alsace.

Il eut l'expectative d'une place de grand-croix de l'Ordre de Saint-Louis, sans avoir été commandeur, le 1er janvier 1720, et l'obtint le 24 avril 1725.

Il mourut à Paris le 24 août 1751, dans sa 94e année.

Il s'était distingué aux sièges de Girone et de Barcelone, à Nimègues, à Ramillies, à Oudenarde, surtout à la bataille de Denain qu'il appelait la plus grande et la plus heureuse affaire du monde (24 juillet 1712).

---

(1) Son plus jeune frère, François-Louis d'Hautefort comte de Marquessac (1660-1747), brigadier des armées du Roi et doyen de l'Ordre militaire de Saint-Louis, se distingua dans la défense de la ville de Casal en Italie, et se retira à Périgueux.

Son épitaphe est conservée au Musée du Périgord. « Accablé de blessures et d'infirmités, songeant à une vie meilleure, il choisit sa retraite dans cette maison du Petit Séminaire qu'il édifia par sa piété et ses vertus pendant vingt-trois ans qu'il y a demeuré, et y est mort le 4 avril 1747, dans la 87e année de son âge. » *Bull.* de la Soc. hist. du Périgord, 1883, p. 592, communication de M. de Froidefond.

Bibliogr. : P. Anselme, VII, 310. — *Mémoires historiques concernant l'Ordre royal et militaire de Saint-Louis (1785)*, p. 77 ; Capitaine Sautai, *La manœuvre de Denain*.

20 février 1734

André-Joseph comte d'*Aubusson de Saint-Paul*, chevalier seigneur de Jaure, Saint-Paul de Serre et autres lieux, seigneur de Castel-Nouvel, dit le *marquis d'Aubusson*, fils de Godefroy et d'Anne de Chauveron de Dussac.

Page du roi, 1693. Mestre de camp du régiment de La Feuillade, 1702. Brigadier des armées, 30 janvier 1709. Maréchal de camp, 1er février 1719. Lieutenant général, 20 février 1734.

Mort dans sa 71e année, en son château de Jaure en Périgord (aujourd'hui commune du canton de Saint-Astier). 1er août 1741.

Ses frères Annet et Jacques d'Aubusson requirent la levée de scellés après son décès. (*Inventaire sommaire des archives départementales de la Dordogne*, I. 177.)

Il avait épousé, en juin 1708, Jeanne-Baptiste-Elisabeth-Charlotte de Vernon de Melzeard. D'où : Louis-Charles, capitaine de cavalerie dans le régiment Royal-Piémont en 1741, tué à l'armée ; Pierre-Armand, mousquetaire du roi dans la seconde compagnie en 1741, qui épousa en premières noces (1754) Jeanne-Marie d'Hautefort de Vaudre, morte sans enfants, puis (1762) Catherine de Graville, et mourut en 1799 ; une fille mariée à Louis-Charles de Crussol, marquis de Montansier (1).

De Vassal marquis *de Montviel* (Jacques), né en 1659 à Montviel en Agenais.

Lieutenant au régiment du Roi-infanterie, 9 avril 1680 ; capitaine, 29 septembre 1684 ; commandant de bataillon, 1696. Fait fonctions de maréchal général des logis à l'armée d'Italie, 17 avril 1696. Nommé aux mêmes fonctions à l'armée de la

(1) Saint-Allais et La Chabeaussière, *Nobiliaire universel de France*, I, p. 122-123.

Lys, 7 mai 1697. Rentré au régiment du Roi, 1698. Aide de camp du roi d'Espagne et brigadier des armées, 1702. Brigadier d'infanterie au service de France, 23 décembre 1702. Maréchal général des logis de l'armée de Flandre, 1704. Colonel d'un régiment d'infanterie de son nom, 1er octobre 1709, et continue ses fonctions de maréchal général des logis en Flandre jusqu'en 1713. Maréchal général des logis de l'armée du Rhin, 1713. Colonel réformé à la suite du régiment de Champagne, 6 février 1714, et maréchal général des logis de l'armée du Rhin, 1714. Colonel réformé à la suite du régiment de Boufflers, 25 mai 1715. Inspecteur général d'infanterie, 25 mai 1716. Maréchal de camp, 8 mars 1718. Lieutenant général, 20 février 1734. Démissionnaire de ses fonctions d'inspecteur général, 1er décembre 1737, et a cessé de servir.

Campagnes de Flandre 1683-1684, de Luxembourg 1684, d'Allemagne et de Flandre 1688 à 1696, d'Italie 1697, de Flandre 1701, d'Italie 1702, de Flandre 1703 à 1712, du Rhin 1713-1714.

Décédé, 19 août 1744.

Jean-Louis comte *d'Hautefort-Bauzens*, fils de François d'Hautefort marquis d'Ans, d'Ajat, de Bauzens, du Change, etc., et de Jeanne d'Abzac de La Douze.

De 1684 à 1695, il servit au régiment d'infanterie de Toulouse, commanda ensuite un régiment de son nom, passa brigadier en 1705, maréchal de camp le 8 mars 1718, premier écuyer du comte de Toulouse en 1727 et gouverneur des ville et château de Saint-Malo.

Il mourut à Saint-Malo le 10 mars 1743.

Il était veuf de Madeleine d'Anneau de Saint-Gilles, veuve du lieutenant général François de la Brousse de Verteillac, qu'il avait épousée en 1727.

1er mars 1738

Gabriel-Jacques *de Salignac* marquis *de la Mothe-Fénelon*, né le 25 juillet 1688 de François et d'Elisabeth Beaupoil de Sainte-Aulaire, neveu et élève de l'archevêque de Cambrai.

Mousquetaire, 1704. Obtient une compagnie au régiment

Royal-cuirassiers, 1706. Colonel du régiment d'infanterie de Bigorre, 9 mars 1709. Inspecteur général de l'infanterie, 20 octobre 1718. Brigadier, 1er février 1719. Chef du régiment de Poitou, 3 mars 1719 jusqu'en 1723. Ambassadeur en Hollande, 31 mai 1724. Plénipotentiaire au congrès de Cambrai, 1727. Maréchal de camp, 1er août 1734. Gouverneur du Quesnoy, 23 avril 1735. Plénipotentiaire au congrès de Soissons, 31 août 1737. Lieutenant général, 1er mars 1738. Conseiller d'Etat d'épée, 26 septembre 1738. Chevalier des Ordres du roi, 2 février 1740.

Blessé à la jambe, à Hordain, 31 août 1711, et au genou, au siège de Roses. Tué par boulet à la bataille de Raucoux, 11 octobre 1746, et inhumé dans l'église de Lantin. Son épitaphe a été reproduite par M. de Montégut dans le *Bulletin* de la Société historique du Périgord (1903, p. 263) et par M. le baron de Heusch dans *Feuilles d'Histoire* (numéro du 1er août 1909).

Bibliogr. : *Le marquis de Fénelon,* lieutenant général des armées du roi Louis XV, par Joseph Durieux. (Extrait du *Bulletin historique et philologique*, 1908.)

La Correspondance de son grand-oncle l'archevêque contient plus de cent lettres adressées à Gabriel-Jacques. Luimême avait donné en 1717 une édition revue et corrigée du *Télémaque.* Il se trouva en relations assez suivies avec Voltaire et Saint-Simon. De Paris, le 2 janvier 1734, ce dernier lui avait écrit à La Haye une longue lettre qu'il terminait ainsi : « Des compliments de bonne année, nous n'en sommes plus là, vous et moi. Elles me sont toutes égales pour vous aimer, vous honorer, vous désirer toutes choses et regretter, Monsieur, de n'y pouvoir contribuer » (1).

En même temps que G.-J. de Fénelon, le 1er mars 1738, furent créés lieutenants généraux un Belsunce et un Ségur.

Charles-Gabriel *de Belsunce* marquis de *Castelmoron,* né en 1681, était frère de l'illustre évêque de Marseille qui naquit

(1) M. Léon Lecestre a publié en 1908, dans l'*Annuaire-Bulletin* de la Société de l'Histoire de France, trois lettres inédites du duc de Saint-Simon au marquis de Fénelon.

au château de La Force, et de Marie-Anne-Louise abbesse du Ronceray pendant 32 ans (1).

Cadet au régiment de Nivernais en 1702. Capitaine en 1701. Commandant du régiment de Belsunce en 1704, premier cornette aux Chevau-légers de Bretagne, 1712, ensuite capitaine aux gendarmes bourguignons. Sénéchal et gouverneur de l'Agénois et du Condomois, 1717. Brigadier de cavalerie, 1er février 1719. Inspecteur général de la gendarmerie, 12 octobre 1730. Maréchal de camp, 20 février 1734. Lieutenant général, 1er mars 1738.

Mort le 4 avril 1739.

Henry-François comte *de Ségur*, né le 1er juin 1689, fils aîné de Joseph et d'Elisabeth Binet, père du maréchal de Ségur.

Page de la Chambre du Roi, 1699. Entré à la 2e compagnie des Mousquetaires, 1705. Capitaine, puis colonel du régiment de Ségur. Guidon des Gendarmes anglais, 1709. Gouverneur du pays de Foix, 1718. Lieutenant général de Champagne et de Brie, 10 septembre 1718. Maréchal des logis de la cavalerie, 27 novembre 1733. Maréchal de camp, 20 février 1734. Inspecteur général de la cavalerie et des dragons, 18 septembre 1736. Lieutenant général des armées du Roi, 1er mars 1738.

Il avait été blessé à Guastalla.

Lors de la guerre de Succession d'Autriche, il passa au nom du Roi (juin 1743) une convention avec le comte de Chanclos, gouverneur d'Ostende et général feld maréchal, relative aux soins à donner aux blessés, aux évacuations à faire, aux ambulances à neutraliser et dont le personnel ne peut être fait prisonnier (2).

Chevalier des Ordres du roi, 1er janvier 1748. Mort à Paris, le 18 juin 1751.

Il épousa à Gagny, le 13 septembre 1718, Angélique de

(1) L'oraison funèbre de cette abbesse a été imprimée par le P. Lamarche. Cf. Port: *Dictionnaire* de Maine et Loire, I, 302.

(2) Le Dr F. Helme a rappelé en 1918, dans le journal *Le Temps*, d'après un volume édité en 1761 à Amsterdam (*La Campagne de M. le maréchal duc de Noailles*), cette commune origine de l'Entente cordiale et de la Croix-Rouge.

Froissy, fille naturelle du Régent et de l'actrice Christine Desmares.

2 janvier 1741

Nicolas-François marquis *de Lambertye* (1) et de Cons-la-Granville (Lorraine), né en 1682.

Epoux d'Elisabeth de Ligniville.

Son portrait et sa carrière militaire se trouvent reproduits dans la *Généalogie de la Maison de Lambertie*, par l'abbé A. Lecler (1895), p. 63.

20 février 1743

Louis-Antoine de Gontaut, comte, puis duc *de Biron*, ensuite maréchal de France (voir ci-dessus).

1er mai 1745

Pierre-Joseph *Chapelle* marquis *de Jumilhac*, né le 6 mars 1692, fils de Jean et de Marie d'Esparbès de Lussan d'Aubeterre, qui était petite-fille du maréchal et sœur d'un lieutenant général.

Cornette en 1712 dans le régiment du chevalier d'Aubeterre son oncle, il acheta en 1719 une place de cornette dans les Mousquetaires, fit les guerres d'Espagne et d'Allemagne, passa brigadier des armées et maréchal de camp, puis capitaine-lieutenant des mousquetaires, lieutenant général en 1745 et gouverneur de Philippeville en 1759. Au siège de Fontarabie, il fut blessé à la tête par éclat de bombe. A Fontenoy, la charge de ses mousquetaires décida la victoire.

De son mariage avec Françoise-Armande de Menou (21 mai 1731), il eut cinq filles et un fils, Pierre-Marie, qui devint lui aussi lieutenant général.

1er janvier 1748

Marc-Antoine-Front de Beaupoil *Saint-Aulaire* marquis *de Lanmary*, né le 25 octobre 1689.

---

(1) Lambertie, château de la commune de Miallet, canton de Saint-Pardoux-la-Rivière, arrondissement de Nontron, sur la rive droite de la Dronne, à la limite du Périgord et du Limousin. La châtellenie fut érigée en comté le 1er juin 1644.

Grand échanson en 1702, puis mousquetaire et officier de gendarmes. Créé brigadier en 1734, maréchal de camp le 1er mars 1738. Ambassadeur en Suède, 3 octobre 1741. Lieutenant général, 1er janvier 1748.

Chevalier des Ordres du roi, 1er janvier 1749.

Mort à Stockholm, le 24 avril 1749.

Bibliogr. : *Recueil* (p. 351 à 382) *des instructions données aux ambassadeurs en Suède*, par A. Geffroy (1885).

10 mai 1748

Charles-Antoine-Armand de *Gontaut-Biron*, marquis, puis duc de Gontaut en 1758, né à Paris, le 8 octobre 1708.

Sert aux Mousquetaires en 1728 et ensuite aux régiments d'Anjou et de Noailles. Colonel du régiment de Biron, 1735. Brigadier d'infanterie, 20 février 1743. Maréchal de camp, 1er mai 1745. Aide de camp du Roi, 1er mai 1746. Gouverneur de Landau, 13 mai 1747. Lieutenant général, 10 mai 1748.

Chevalier de Saint-Louis, 1er avril 1743. Chevalier des Ordres du roi, 1er janvier 1757.

Blessé à Ettingen, il se retira du service.

Campagnes sur le Rhin, 1733-35 ; d'Allemagne, 1743-44 ; de Flandre, 1745-48.

De son mariage, en 1744, avec Antoinette-Eustachie Crozat du Chatel (morte en 1747) naquit un fils, Armand-Louis, resté célèbre sous le nom du général en chef Biron.

Charles-Philippe *de Pons de Saint-Maurice* (1) marquis de Pons, de Montclar (2), de Clermont, de la Mothe-Cendrieux (3), de Saucignac, Monestier (4) et autres places.

Un document des Archives de la Dordogne (5) lui attribue.

(1) Saint-Maurice, ancien repaire noble, commune de Saint-Laurent des Bâtons, canton de Sainte-Alvère, arrondissement de Bergerac.

(2) Aujourd'hui commune de Saint-Georges de Montclard, canton de Villamblard, arrondissement de Bergerac.

(3) La Mothe, commune de Cendrieux ou Sendrieux, canton de Vergt, arrondissement de Périgueux.

(4) Aujourd'hui Saussignac et Monestier, communes du canton de Sigoulès, arrondissement de Bergerac.

(5) Arch. dép., B 2130. — *Inventaire sommaire*, II, 477.

en 1778, les titres de comte de Pons, captal de Puichagut, marquis de Grignol, baron de Saucignac, Caseneuve, Castelnaud de Cernes, Balizac, Mans et Captieux, vicomte de Villandraut, seigneur de Saint-Maurice et autres places.

Mousquetaire, 1711. Capitaine au régiment de cavalerie de Villequier, 1712. Lieutenant au régiment d'Auvergne, 12 juillet 1722. Capitaine réformé, 16 janvier 1723. Guidon de gendarmerie, 1727. Enseigne des gendarmes bourguignons, 25 mars 1734. Mestre de camp, 25 novembre 1734. Sous-lieutenant des gendarmes d'Anjou, 16 avril 1738. Colonel du régiment de Béthune, 1735 au 26 mai 1745. Brigadier, 1er janvier 1741. Maréchal de camp, 1er mai 1745. Lieutenant général, 10 mai 1748.

Chevalier de l'Ordre de Saint-Louis, 24 juin 1740.

Décédé en 1771.

Il avait épousé, en 1736, Charlotte-Marie Lallemant de Betz et fut père du lieutenant général Louis-Marie.

17 décembre 1759

Emmanuel-Louis-Auguste chevalier, puis comte *de Pons Saint-Maurice,* baron de Saucignac, né le 20 octobre 1712 au château de Saucignac en Périgord, diocèse de Sarlat, fils de Louis de Pons, chevalier marquis de Saucignac, Saint-Maurice, Théobon et autres places, et de haute et puissante dame Marie-Guione de Rochefort Théobon. Il fut baptisé le 1er janvier 1713, en la paroisse de Saint-Martin de Saucignac.

Cornette au régiment de Brissac-cavalerie le 18 mars 1729, il eut le 20 juin 1733 une compagnie au régiment de Saint-Simon. Colonel du régiment d'infanterie de Bassigny, 21 février 1740. Chargé d'apporter au Roi la nouvelle de la prise de Saint-Guillain en juillet 1746, il fut créé brigadier par brevet du 17 du même mois. Maréchal de camp, 10 mai 1748. Mestre de camp lieutenant du régiment d'Orléans-dragons, 1er février 1749. Lieutenant général, 17 décembre 1759.

Chevalier de Saint-Louis, 9 décembre 1743. Chevalier des Ordres du roi, 7 juin 1767.

Campagnes de 1733 à 1748 et en Allemagne 1757-58.

Gouverneur de Crépy en Valois, décembre 1757, et du Pont de l'Arche, mars 1758.

Il a été premier gentilhomme de la Chambre de M. le duc d'Orléans et gouverneur de M. le duc de Chartres.

René *de Galard* de Béarn chevalier puis marquis de Brassac, né vers 1698.

Au service comme cornette dès l'âge de treize ans. Mousquetaire en 1715. Mestre de camp en 1743. Brigadier, il combattit à Fontenoy, Raucoux, Lawfeld. Maréchal de camp. Lieutenant général, 17 décembre 1759.

Campagnes d'Allemagne et d'Espagne.

Commandeur de l'Ordre de Saint-Louis.

Epousa Marie-Anne-Catherine Morin, née au Havre le 28 juillet 1726.

Il mourut sans enfants, le 12 octobre 1771, au château de La Rochebeaucourt.

18 mai 1760

Philippe-Henri comte, puis marquis *de Ségur*, ensuite ministre de la guerre et maréchal de France.

25 juillet 1762

François-Louis de Salignac marquis *de Fénelon* né le 7 novembre 1722, de Gabriel-Jacques, lieutenant général, et de Louise-Françoise Le Pelletier de Rosambo.

Servit en Bohême, en Westphalie. Colonel du régiment de La Fère, 12 mai 1744. Brigadier, 27 juillet 1747. Maréchal de camp, 10 février 1759. Lieutenant général, 25 juillet 1762. Gouverneur de la Martinique.

Mort en avril 1764 ou décembre 1767.

Il avait combattu, avec le régiment de la Fère, à Fontenoy et à Raucoux. A l'attaque du village de Lawfeld, qui fut l'une des belles actions de l'infanterie française, il fut blessé en même temps qu'une dizaine de colonels.

Armand vicomte *de Belsunce*, né le 6 février 1722.

Lieutenant au régiment du Roi-infanterie, 1740. Capitaine dans Bauffremont-dragons, 1745. Colonel du régiment de Flandre, 1749.

Promu brigadier le 5 novembre 1758, à l'occasion de l'affaire du 10 octobre précédent. Chevert, en demandant pour lui ce grade, avait marqué que le vicomte de Belsunce commandait l'avant-garde de la colonne de droite, qu'il avait été très grièvement blessé d'un coup de feu dans l'aîne à Lutzelberg ; il l'avait noté comme un officier de la plus grande distinction et de la plus grande valeur, rempli de zèle, et l'un des meilleurs colonels que le roi eût à son service.

Major général de l'infanterie de l'armée du duc de Broglie, 23 octobre 1759. Maréchal de camp, 20 février 1761. Lieutenant général, 25 juillet 1762.

Il fut gouverneur de l'île d'Oléron, de Belle-Isle et de l'île de Saint-Domingue.

Blessé à la bataille d'Hastenbeck par une balle au bras, et à la bataille de Lutzelberg.

Chevalier de l'Ordre de Saint-Louis, 5 mars 1750.

Il mourut à son retour de Saint-Domingue, 4 août 1763.

16 avril 1767

Joseph, vicomte puis comte *de Ségur-Cabanac*, né à Bordeaux, paroisse de Saint-André, le 9 juillet 1711, fils de Joseph et de Catherine Darrerac.

Entré au service en 1723, dans le régiment d'Orléans-cavalerie ; capitaine en 1728, major en 1734. Passé aux gendarmes de la Garde du Roi, 11 mai 1742. Maréchal de camp, 10 février 1759. Lieutenant général, 16 avril 1767.

Règne de Louis XVI

1er mars 1780

Gabriel-Marie *de Talleyrand* comte *de Périgord*, né à Théobon, paroisse de Loubès Bernac, commune du canton de Duras (Lot-et-Garonne), au diocèse d'Agen, le 9 octobre 1726, baptisé le 11, fils aîné du premier lit de Daniel Marie et de Marie-Guionne de Rochefort ; frère consanguin du lieutenant général Charles-Daniel.

Un acte de 1765 (*Inventaire sommaire* des archives de l'arrondissement de Nontron, p. 236) lui attribue les titres et qualités de comte héréditaire de Périgord, prince de Chalais, marquis d'Excideuil et de Théobon, comte de Grignol, baron de Mareuil, Yviers et autres places, grand d'Espagne de 1re classe, gouverneur pour le Roi de la province et duché du Haut et Bas Berry, menin de Mgr le Dauphin.

Enseigne au régiment de Normandie, 27 juillet 1741. Lieutenant, 24 janvier 1744. Colonel dudit régiment qui lui est accordé sans prix par le Roi, 11 mai 1745. Menin du Dauphin, 23 avril 1749. Gouverneur lieutenant général et grand bailli du Berry, gouverneur de Bourges et d'Issoudun, 1er janvier 1752. Mestre de camp du régiment Dauphin-cavalerie, 11 juillet 1753. Brigadier, 23 juillet 1756. Grand d'Espagne, 24 février 1757. Employé à l'armée d'Allemagne, 1er mars 1757; à l'armée de Clermont, 1er mai 1758. Maréchal de camp, 20 février 1761. Employé à l'armée du Bas-Rhin, 16 avril 1761. Commandant la province de Languedoc (1), 16 octobre 1771. Lieutenant général, 1er mars 1780.

Arrêté pendant la Révolution, il passa une année en prison, et vécut dans la maison de santé Montprin et Desnos, rue Notre Dame des Champs, où il connut le sans-culotte Saint-Huruge.

Décéda en 1795.

Campagnes de 1742 à 1748, 1757-58, 1761-62.

Il se battit à Fontenoy, à Raucoux, à Hastenbeck et dans le Hanovre, puis à Crefeld (2).

Chevalier de l'Ordre de Saint-Louis, 25 décembre 1756. Chevalier des Ordres du Roi, 7 juin 1767.

Il avait épousé, le 28 janvier 1744, sa cousine Marie Françoise-Marguerite de Talleyrand-Périgord (3). Il eut pour

(1) *Souvenirs de R. D. G.* (Desgenettes), II, 49.

(2) Général Susane, II, 164.

(3) La comtesse Marguerite de Périgord, aussi vertueuse que belle, déclina la « charge » de favorite que Louis XV, très empressé, lui offrit dès 1747. Elle s'exila volontairement à Chalais, où elle resta plusieurs années sans revenir à Paris. Elle devint dame d'honneur de Mesdames Victoire et Sophie. « Mes filles viennent de perdre leur dame d'honneur, lui écrivit le Roi. Cette

enfants la duchesse de Mailly, Hélie-Charles prince de Chalais (1754-1829) et Adalbert-Charles (1758-1841).

Des *Lettres de M. le comte de Périgord et de M. de Mopinot* (1) *sur la nécessité d'animer l'amour de la gloire et d'exciter l'émulation dans les troupes françaises* se trouvent dans l'édition portative des Rêveries du maréchal de Saxe ou Mémoires sur l'art de la guerre (Dresde, 1757).

Le comte de Périgord a été un de ces beaux caractères aux idées larges et généreuses qu'on remarque dans la noblesse à la fin de l'ancien régime (2).

Jacques *d'Arlot de Frugie* comte *de La Roque*, né au château de Cumond le 30 novembre 1715, fils de Louis, exempt des gardes du corps du Roi (compagnie de Noailles) et de Françoise-Suzanne de La Doire.

Page de la Reine, 1728. Cadet aux gardes du corps, 1732. Capitaine au régiment de Sassenage-cavalerie (devenu Maugiron et Trasignies), 1733 ; major, 1743 ; lieutenant-colonel, 1752. Brigadier de cavalerie, 1759. Maréchal de camp, 25 juillet 1762. Lieutenant général, 1er mars 1780.

Retraité en 1792, pour plus de 60 ans de service effectif et 17 campagnes.

Blessé de six coups de sabre à la tête, d'un coup de pistolet à l'épaule droite et d'un coup de baïonnette au bras gauche, le 10 octobre 1758, à la bataille de Lutzelberg. Il dut séjourner quatre mois à Cassel et à Hanau.

Il reçut une pension de 600 livres avec une autre de 2000 livres, sur l'Ordre de Saint-Louis.

Grand-croix de l'Ordre de Saint-Louis, 9 février 1792.

Mort à Périgueux, le 15 février 1795.

Il avait épousé, le 6 mars 1741, Marie Thérèse d'Hautefort.

---

place vous appartient autant pour vos hautes vertus que pour le nom de votre Maison. » Elle mourut le 22 mai 1775, emportée en quatre jours par une fièvre inflammatoire. Comte Fleury, *Louis XV et les petites maîtresses*, 71.

(1) Mopinot de la Chapotte fut, durant trente années, le compagnon inséparable du comte de Périgord. Cf. Jean Lemoine, *Correspondance amoureuse et militaire d'un officier pendant la guerre de Sept ans*.

(2) Lévy-Schneider, *Jeanbon Saint-André*, 24.

1er janvier 1784

Louis Marie marquis *de Pons*, né le 4 décembre 1739 à Paris, rue Neuve Saint-Augustin, paroisse Saint-Roch, fils de Charles-Philippe comte de Pons (qui fut lieutenant général) et de Charlotte-Marie Lallemant de Betz.

Il eut pour parrain son grand-père Louis marquis de Pons, demeurant dans sa terre de Saucignac en Périgord.

Lieutenant réformé aux Dragons d'Orléans, 31 mai 1754. Capitaine d'une compagnie à pied, 15 août 1755. Mestre de camp en second, 25 février 1758. Brigadier, 25 juillet 1762. Maréchal de camp, 3 janvier 1770. Ministre plénipotentiaire en Prusse, novembre 1771. Ambassadeur en Suède, 14 février 1782. Lieutenant général, 1er janvier 1784.

Chevalier de l'Ordre de Saint-Louis, 1761.

Il épousa, le 29 novembre 1763, Emmanuelle-Marie-Anne de Cossé-Brissac, née à Paris le 30 septembre 1745, et fut le dernier seigneur effectif de Saucignac.

Pierre-Marie Chapelle comte *de Jumilhac*, né le 1er janvier 1735, fils de Pierre Joseph et de Françoise-Armande de Menou.

Mousquetaire à la 1re compagnie, 1748. Colonel aux grenadiers de France, 11 novembre 1751. Brigadier, 25 juillet 1762. Colonel du régiment d'Aunis, 1er décembre 1762. Brigadier des armées du Roi, 25 décembre 1762. Maréchal de camp, 3 janvier 1770. Lieutenant général, 1er janvier 1784.

Chevalier de l'Ordre de Saint-Louis, 1759 ; Commandeur du même Ordre, 1784.

Il avait épousé Françoise-Catherine Pourcheresse d'Estrabonne, dont il eut notamment un fils lieutenant général en 1814.

Charles Daniel de Talleyrand-Périgord comte *de Talleyrand*, frère consanguin de Gabriel Marie, né le 16 juin 1734.

Commanda le régiment de cavalerie Royal-Piémont, 8 avril 1757 au 3 janvier 1770. Mourut le 4 novembre 1788, à Paris. (Guerre de Sept ans.)

De son mariage avec Alexandrine-Victoire-Eléonore de Damas d'Antigny, il eut trois enfants, dont Charles-Maurice prince de Bénévent, évêque d'Autun, plusieurs fois ministre sous le Directoire, le Consulat, l'Empire et la Restauration.

13 janvier 1792

Armand-Louis Gontaut de Biron *de Lauzun*, dit général *Biron*, né à Paris, paroisse de Saint-Eustache, le 13 avril 1747, fils de Charles-Antoine, lieutenant général, et d'Antoinette-Eustachie Crozat du Chatel, filleul du maréchal Charles-Armand de Biron.

Enseigne à drapeau au régiment des gardes françaises, 18 janvier 1761. Capitaine, 1767. Breveté colonel d'infanterie avec dispense d'âge. Fit partie du Corps de Rochambeau (escadre de Ternay) dans la guerre de l'Indépendance américaine et assista notamment aux sièges de Glocester et de York-Town. Député du Quercy aux Etats Généraux, mars 1789. Lieutenant général, 13 janvier 1792. Général d'armée, 9 juillet 1792. Général en chef de l'armée du Rhin (subordonnément à Custine).

Condamné à mort par le Tribunal révolutionnaire à Paris et exécuté, 31 décembre 1793.

Avait épousé, le 4 février 1766, Mlle Amélie de Boufflers, petite-fille de la maréchale de Luxembourg.

Pour d'amples détails sur le ci-devant duc passé au service de la Révolution et que la Terreur guillotina à 46 ans, le lecteur voudra bien se reporter à nos études sur la Dordogne militaire : *Généraux et soldats de la Révolution et de l'Empire.*

En définitive, le Périgord a fourni aux armées du Roi, dans l'espace d'un siècle et demi environ, une bonne trentaine de lieutenants généraux.

La constatation mérite d'être retenue et peut être enregistrée avec satisfaction.

Cependant, à nos trente-quatre lieutenants généraux cités, il y aurait peut être lieu d'en ajouter trois autres : Jean de Lambert, à la date du 6 mai 1648 ; H. de Lambert, à celle du 25 juin 1682 et H. F. de Lambert, à celle du 30 mars 1720.

Jean de Lambert, marquis de Saint-Bris, né au château des Escuyers en Périgord (1), le 25 septembre 1786, était le 4e fils de Jean de Lambert seigneur de la Filolie ou Lamourat, et de Marguerite Robinet de la Serve.

Page du roi Henri IV, dont son père était maître d'hôtel, il fit ses premières armes en Hollande et resta longtemps attaché au service du maréchal de Bassompierre. Maréchal de camp le 31 mars 1635, gouverneur des ville et citadelle de Metz le 3 octobre 1639, ensuite lieutenant général, il mourut le 23 octobre 1665 à Saint-Bris (Yonne).

Henri de Lambert (1631-1686), son fils, devint gouverneur de Luxembourg. La célèbre marquise de Lambert, femme de lettres, dont le salon fut un des plus recherchés de Paris, était sa veuve.

Henri-François de Lambert (1677 1754), petit-fils de Jean, commanda de 1697 à 1710 le régiment de Périgord, avant d'être gouverneur d'Auxerre en 1719 et lieutenant général (2).

Peut-être aussi la liste devrait-elle comprendre *Armand Mormès de Saint Hilaire*, lieutenant général du 26 octobre 1704, membre d'une famille dont nous allons parler à propos des maréchaux de camp.

---

(1) Courcelles, *Dictionnaire des Généraux*, VII, 106 ; Michaud, *Biographie univ.*, LXX, 75 ; les Dictionnaires Larousse, Lalanne, etc.

Un lieudit les Escuyers se trouve commune de Cherval, canton de Verteillac, dans l'ancienne enclave d'Angoumois.

(2) Notons aussi dans la famille de Lambert deux maréchaux de camp : en 1761, Louis, directeur des fortifications d'Alsace ; en 1780, Henri-Joseph, issu d'une branche cadette, gouverneur d'Arras. Marie-Charles, fils de celui-ci et parrain à Sarrazac en 1786, émigra avec son père et fut aide de camp général du czar Alexandre de Russie.

TROISIÈME PARTIE

Maréchaux de Camp

Le titre de maréchal des camps et armées du Roi (autrement dit, général de brigade, de 1792 à 1815, et depuis 1848) remonte au XVe siècle. Ceux qui le portaient originairement avaient mission d'attribuer les logements aux troupes et de leur assigner la place qu'elles devaient occuper sur le champ de bataille.

A partir du XVIe siècle (1), le titre de maréchal de camp désigna un grade régulier de la hiérarchie militaire, sous les ordres du lieutenant général.

La liste dressée par le Ministère de la Guerre commence au 1er mars 1552.

Règne de Charles IX

1er avril 1562

Jean de Beaulieu sieur *de Losse*, Thonac, Banne, Thenon, etc., né en 1504, fils de Pierre et d'Anne de Saint-Astier, avait débuté comme page de François Ier. Successivement enseigne aux Chevau-légers en 1547, capitaine en 1549, il devint gouverneur de Maubert-Fontaine (Ardennes), de Tours, de Marienbourg, de Verdun dont il fit construire la citadelle (2), et de Bourges.

Du 10 décembre 1563 au mois de juillet 1569, il commanda la Compagnie écossaise des Gardes du corps du Roi. Gouverneur de Lyon, il fut chargé de bâtir, sur les bords de la Saône, le château-fort de Pierre-Scise (1564). Conseiller d'Etat

---

(1) L'*Almanach Royal*, qui attribue à Philippe-Auguste, en 1185, l'institution des maréchaux de France et à Louis XIII, en 1633, celle des lieutenants généraux, fait remonter à Henri IV, en 1598, la création des maréchaux de camp.

(2) Cf. notre communication à la séance du 7 mars 1918. *Bulletin*, 1918, p. 88.

et capitaine du Louvre en 1569, précepteur du prince Henri de Béarn (futur Henri IV), il fut pourvu en 1578 du gouvernement de la Guyenne et commanda en chef l'armée catholique (1). Il avait pris déjà une part importante aux guerres de religion, particulièrement à la victoire de Dreux, dont il apporta au Roi la nouvelle, et à la bataille de Jarnac.

Vers 1576, il fit reconstruire, sur une terrasse dominant la Vézère, son château de Losse (2), qui reste un beau spécimen de l'architecture de la Renaissance.

Il avait, à Paris, son hôtel rue du Bouloi, à l'angle de la rue des Petits-Champs. C'est dans l'ancien hôtel de Losse que naquit le cardinal de Richelieu, comme l'établit M. Maximin Deloche en son récent livre sur le père de Richelieu.

Titulaire du collier de l'Ordre de Saint-Michel, le marquis de Losse se trouva compris dans la première promotion de l'Ordre du Saint-Esprit (31 décembre 1578), mais il mourut le 6 juin 1579 sans avoir été reçu chevalier. Trois ans plus tard, on exposa son portrait dans la cathédrale de Verdun. Son corps fut inhumé dans l'église de Thonac, à côté de deux de ses fils qu'il eut de son mariage avec Anne de Saint-Clar de Puymartin, et qui furent tués dans les combats. L'un d'eux fut également gouverneur de Verdun (3).

C'est à Jean II de Losse, très magnifique seigneur,

> . . . . . parfaict,
> Plain de vertus, doué de toute grâce,

que le rimeur périgourdin Pierre de Laval dédia ses Stances de la Noblesse (4).

La reine de Navarre, qui l'appelait un bon vieil homme, disait de lui : « Il avait été gouverneur du roy, mon mari, m'aymoit comme sa fille et avait tant aymé mon père ». C'était un fidèle serviteur de la Monarchie, un ami dévoué du connétable de Montmorency.

---

(1) On consultera avec intérêt les études de M. Richard de Boysson sur la Ligue en Périgord. *Bull.*, 1917, notamment p. p. 31, 307.

(2) Commune de Thonac, canton de Montignac, arrondissement de Sarlat.

(3) V. notre étude sur les *Gardes du Corps du Roi*, p. 6.

(4) *Bull.* de la Soc. hist. et arch. du Périgord, 1901, p. 354.

Son père et ses fils moururent dans les combats. Lui-même avait beaucoup et longtemps guerroyé, non moins honorablement. Sa devise caractérise bien toute sa vie : *Cum sudore, sanguine et carcere.* Il supporta vaillamment la fatigue des guerres, il versa généreusement son sang pour les causes qu'il eut à soutenir, il subit avec noblesse les rigueurs de la captivité que ne lui épargnèrent pas les risques des batailles et que lui imposa l'ennemi (1).

28 septembre 1567

Armand de Gontaut, baron, puis duc *de Biron.*
Maréchal de France en 1577.

10 novembre 1572

Jean *de Cugnac* (2) *de Beaumont de Giverzac,* fils de Jacques et de Jeanne de Lestrade.

Chevalier de l'Ordre du Roi, gentilhomme ordinaire de sa chambre. Sénéchal du Bazadais. Chef des Ligueurs en Sarladais.

Servit au siège de La Rochelle et dans l'armée de Champagne.

Règne de Henri IV

1er avril 1590

Charles de Gontaut, baron, puis duc *de Biron.*
Maréchal de France en 1594.

---

(1) Notamment Charles-Quint. — Sur Jean de Losse, Cf. la notice par Armand de Siorac dans le *Chroniqueur du Périgord,* 1853, p. 274, et les articles du Dr Ph. Laroche dans le *Bull.* de la Société historique du Périgord, 1884, p. 128 et s.

Voir aussi les *Mémoires* de M. de Vieilleville.

(2) D'après l'*Armorial de la noblesse du Périgord* (I, 176), la famille tirerait son nom de l'ancien repaire de Cugnac, commune du Buisson de Cabans, canton de Cadouin, arrondissement de Bergerac.

Sur Jean de Cugnac de Giverzac, Cf. l'étude de M. Richard de Boysson sur la Ligue en Périgord. *Bull.* 1917, p. 309.

1er janvier 1594

Jean de Gontaut, baron *de Salaynac*, né en 1553.

Servit dès 1572. Conseiller et chambellan ordinaire du roi de Navarre. Gouverneur du Périgord et lieutenant général du Limousin.

Se distingua à la bataille de Coutras et au siège de Rouen.

Ambassadeur extraordinaire à la Porte, 1603. Chevalier des Ordres du Roi, 1604.

Mort en 1605 à Constantinople.

Règne de Louis XIII

22 mars 1619

Pierre *d'Escodéca* baron *de Boisse-Pardaillan.*

Il leva en 1592 un régiment d'infanterie de son nom qui fut incorporé dans le régiment de Navarre. Compagnon d'armes de Henri IV, il reçut en 1600 le gouvernement de la citadelle de Bourg-en-Bresse. Louis XIII lui conféra celui de Sainte-Foy-la-Grande et de Monheurt.

Le baron de Boisse professait le protestantisme. C'était un duelliste qui, dans ses vingt-deux rencontres, avait toujours tué son adversaire. Il périt assassiné à Gensac au mois d'octobre 1621.

Il avait épousé Marie de Ségur de Pardaillan et d'Allemans.

3 juillet 1619

Henry, marquis *de Bourdeille*, né le 21 décembre 1571.

Commandant de la Compagnie d'ordonnances en 1591, sénéchal du Périgord en 1592, gouverneur de cette province en 1593, pacificateur des insurgés Croquants, chevalier de l'Ordre de Saint-Michel et marquis d'Archiac en mai 1609, conseiller d'Etat et chevalier de l'Ordre du Saint-Esprit en 1612. Maréchal de camp et chevalier des Ordres du Roi en 1619.

Mort le 14 mars 1641.

Epoux de Madeleine de La Châtre, il fut le père du lieutenant général François-Sicaire et du comte de Montrésor.

4 juillet 1621

Jean *de Gontaut* baron *de Biron*.

Mestre de camp du régiment de Picardie, 1er février 1595 ; démissionnaire de son régiment et nommé conseiller d'Etat janvier 1617, puis maréchal de camp en 1621.

Décédé le 10 août 1636.

Jean *de Ferrières* baron *de Sauvebeuf*, seigneur de Pontbreton, la Tiercerie, Saint-Michel, Beaulieu, le Cheylar, Aubas, etc., fils de Jean et de Marie de Noailles.

Il servit sous le duc d'Epernon et assista aux sièges de La Rochelle et de Montauban.

Partisan de Marie de Médicis, il quitta la France en 1631. Alors le château féodal de Sauvebeuf fut rasé ; seule, la jolie fontaine Renaissance échappa à la destruction (1).

En 1595, il avait épousé demoiselle Claude des Cars, après un duel qui eut lieu aux environs de Saint-Rabier, où il tua son adversaire, Jean de Lostanges de Saint-Alvère. De ce mariage naquirent neuf enfants, dont Charles-Antoine qui fut lieutenant général.

16 décembre 1621

François II Nompar de *Caumont* comte *de Lauzun*.

Capitaine des Cent gentilshommes de la Maison du Roi, il suivit le Roi en Guyenne (1615) et fut créé chevalier des Ordres le 31 décembre 1619.

Il se trouva, en 1622, aux sièges du château de La Force et de Montravel.

1er octobre 1622

Léonard-Philibert vicomte *de Pompadour*.

Lieutenant général au gouvernement du Limousin. Chevalier des Ordres du Roi.

Décédé novembre 1634.

---

(1) Paul Huet et le vicomte P. de Chabot, *Hist. généal. de la Maison de Ferrières-Sauvebeuf*, p. 50.

19 mars 1625

Armand Nompar de Caumont, marquis, puis duc *de La Force.*

Maréchal de France en 1652.

13 avril 1625

Jean *de Galard de Béarn* comte *de Brassac,* né en 1579, fils de René et de Marie de La Rochebeaucourt (1).

Ambassadeur à Rome, 1628. Ministre d'Etat, 10 février 1633. Gouverneur de Saintonge et d'Aunis, chevalier des Ordres, 14 mai 1633. Gouverneur de Lorraine et du Barrois, 1634. Surintendant de la Maison de la Reine, 1640.

Mort à Paris, 14 mars 1645, sans enfant de Catherine de Sainte-Maure, qu'il avait épousée le 6 avril 1602.

22 mai 1637

Charles-Antoine de Ferrières marquis *de Sauvebeuf.*

Lieutenant général en 1651.

15 mars 1638

Henri Nompar de Caumont, marquis *de Castelnau-Caumont,* puis duc *de La Force,* fils du maréchal Jacques Nompar et de Charlotte de Gontaut-Biron, né en 1582, mort en janvier 1678.

Il participa à un très grand nombre d'actions guerrières dans le Béarn, la Guyenne, la Picardie, en Piémont, etc.

Règne de Louis XIV

7 mars 1646

Pierre *de Caumont La Force* marquis *de Cugnac,* fils de Henry Nompar, maréchal de camp.

Il avait débuté vers 1633, comme lieutenant des Chevau-légers du maréchal de La Force, son grand-père.

---

(1) La Rochebeaucourt, commune du canton de Mareuil, arrondissement de Nontron.

21 mai 1646

François-Sicaire marquis *de Bourdeille.*
Lieutenant général en 1650.

17 février 1649

Charles-Hélie *de Pompadour de Laurière.*
Mort en Limousin, où il s'était retiré.

14 août 1649

Henry *Taillefer* marquis *de Barrière,* fils cadet de Daniel, chevalier seigneur de Château-Merle, Barrière, Villamblard, Saint-Louis, La Sauvetat-Grasset, vicomte de Roussille, et d'Anne de Lur de Longua.

Capitaine au régiment de Conti-cavalerie, aide de camp des armées en 1643, sergent de bataille en 1646, mestre de camp lieutenant le 7 avril 1649. Démissionnaire, mai 1651. Il s'était trouvé aux batailles de Rocroy et de Lens.

Mort sans alliance, vers 1670. Il fut curateur de ses neveux.

25 septembre 1649

François de Gontaut marquis *de Biron.*
Lieutenant général en 1655.

4 juin 1650

Jacques-François marquis *d'Hautefort,* comte de Montignac et de Beaufort, vicomte de Ségur, baron d'Aixe, de Thenon et de la Flotte, seigneur de Génis, de Savignac, etc., né en 1610, fils de Charles d'Hautefort et de Renée du Bellay, frère de la belle Marie d'Hautefort-Schomberg.

De très bonne heure, il servit dans l'armée de Louis XIII. En 1635, il prit de sa main un étendard aux ennemis. Gentilhomme ordinaire de la chambre du Roi en 1640, conseiller d'Etat et privé en 1643, il obtint de Louis XIV confirmation de l'érection de la châtellenie d'Hautefort en marquisat avec incorporation des terres de Sainte-Orse, Boisseuil, Haut-Génis, Savignac et Sainte-Trie. Il se battit à Rocroi, à Fribourg, à Nordlingen et à Lens, puis leva divers corps de troupes. En

1656, il fut nommé premier écuyer de la Reine Anne d'Autriche ; en 1661, chevalier des Ordres du Roi.

A la même époque, il fit réparer son château d'Hautefort et fonda un hôpital pour l'entretien de onze vieillards, de onze femmes et de onze enfants, en souvenir des trente-trois années de la vie de N. S. Jésus-Christ. Cependant, il passait pour « avare et chichard » à tel point que Molière aurait pris son chapeau pour en faire celui d'Harpagon.

Il mourut à Paris le 3 octobre 1680.

Ne s'étant pas marié, il laissa à son cadet Gilles (lieutenant général) son titre, son héritage et sa charge de premier écuyer de la Reine.

Un portrait de lui existe au château de Suzanne, chez le marquis d'Estourmel (1).

Sa devise était : « De corps petit, mais de cœur haut et fort. »

23 juillet 1650

Gabriel comte *de Lambertye,* baron de Montbrun, chevalier seigneur de Miallet, Pensol, Le Chalard, Saint-Paul-La-Roche et les Plassons, né en 1575,

Capitaine de chevau-légers. Gouverneur de Nancy. Habita le château de Lambertye en Périgord et obtint, le 1er juin 1644, l'érection de la châtellenie en comté.

Epousa Isabeau de Rochechouart en 1605 ; d'où sept enfants.

Cf. *Généalogie,* par A. Leclerc, p. 41-44, avec portrait du comte Gabriel de Lambertye.

6 août 1650

Charles *d'Abzac* marquis *de Ladouze.*

Il leva, en 1623, un régiment de son nom et le commanda pendant plusieurs sièges, puis en leva, en 1639, un autre qui servit en Italie et en Roussillon.

---

(1) *Généalogie d'Hautefort* (1898), p. 140 à 146.

14 août 1650

Jean de La Cropte, marquis *de Saint-Abre*.
Lieutenant général en 1655.

16 août 1650

Baron *de Reilhac*, bailli des Montagnes.

8 octobre 1650

Antoine *de Salignac* marquis *de La Mothe-Fénelon*, grand-oncle de Gabriel-Jacques.
Il obtint, le 14 février 1652, la lieutenance générale du gouvernement de la Marche, dont il se démit en faveur de son gendre au mois de mars 1681.
Décédé en octobre 1683.

11 mai 1651

Armand *de Caumont La Force* marquis *de Montpouillan*.
Promu lieutenant général en 1655.

11 novembre 1651

Louis-Charles *de Rohan Chabot* comte *de Jarnac*, fils aîné du baron et de Marie de La Rochefoucauld.
Seigneur de Maroite(1), il fut parrain de la cloche de Brassac.
En 1648, il avait épousé Catherine de La Rochefoucauld.
Il mourut vers 1666.

19 janvier 1652

Nicolas *Joumart de La Brangelie* (2).

---

(1) Château, commune de Grand-Brassac, canton de Montagrier. Cf. les études de M. Dujarric-Descombes *Bull.* 1888, p. 168.

(2) La Brangelie, ancien repaire noble, commune de Vanxains, près Ribérac.

Il y aurait eu, précédemment, un Antoine Achard Joumard seigneur de la Brangelie et de Légé, maréchal de camp, petit gendre du jurisconsulte et érudit Etienne Pasquier. Cf. *Madame de la Brangelie et le cheval de Monsieur de la Blérctie en 1635*, étude de M. de la Morinerie (*Archives* hist. de la Saintonge et de l'Aunis, 1885).

Leva, en 1646, un régiment de son nom avec lequel il servit en Italie et duquel il se démit, en faveur de son frère, le 5 janvier 1658.

16 février 1652

Jérémie baron *de Ferrières.*

Leva, en 1644, un régiment d'infanterie qui fut licencié en 1647.

8 juin 1652

Jacques *de Boisseuil* seigneur de Boisseuil et des Salles, troisième fils d'Antoine et de Marguerite d'Abzac.

De son mariage avec Suzanne de la Faye, en 1640, il eut 4 fils, Jean, tonsuré en 1659, François, Gilles et Jacques, officiers de cavalerie, et une fille, Françoise, nommée en avril 1684 au prieuré de Saint-Pardoux-la-Rivière.

Il testa aux Salles (Martin, notaire royal) le 20 mars 1677 (1).

16 août 1652

De Haumont.

Appartenait peut-être à la famille de Haumont ou du Haumont de la Garde, paroisse de Beaussac (2), dont le blason présente une certaine analogie avec celui des ducs d'Aumont.

15 juin 1653

Jean de Beaulieu *de la Filloli*e.

Leva en 1650 une compagnie franche de chevau-légers.

12 mai 1667

Antoine Nompar de Caumont marquis de Puyguilhem, puis comte et duc *de Lauzun.*

Devint lieutenant général en 1670. (V. ci-dessus.)

25 février 1677

François *de Raveillon* ou de Ravilhon, né en 1617 à Sarlat.

---

(1) Bibl. Nat., Fr. 32071 (volume 10).

(2) Canton de Mareuil, arrondissement de Nontron.

Lieutenant au régiment de Navailles Pontoux, 1641 ; capitaine, 26 mars 1646 ; lieutenant-colonel, 2 janvier 1659.

Lieutenant-colonel du régiment d'Anjou à sa création, 20 janvier 1670. Brigadier, 15 avril 1672. Commande à Verdun en 1674, puis à Charleville en 1675. Gouverneur de Charlemont, 1676. Maréchal de camp, 25 février 1677.

Gouverneur de Dinant, 2: février 1680.

Il reçut du Roi, avec une forte pension, des lettres de noblesse pour lui et son neveu, 22 janvier 1686.

Mort le 2 juillet 1697, âgé de 80 ans.

Cf. une notice biographique par Eug. de Monzie dans le *Périgord*, n° du 11 octobre 1865, et l'article de l'*Armorial de la Noblesse du Périgord*, I, 412. — Les archives de la famille du vicomte de Gérard possèdent sur lui des documents intéressants.

26 novembre 1677

Pierre de Mormès *de Saint-Hilaire*, né en 1614.

Obtint en octobre 1651 des lettres de noblesse. Lieutenant de l'artillerie du gouvernement de Pignerol. Commandant de l'artillerie de l'armée d'Allemagne, 1675.

Eut le bras cassé par le boulet de canon qui tua le maréchal de Turenne et, voyant les larmes de son fils, lui demanda de pleurer surtout l'illustre guerrier qui était l'appui de la patrie.

Décédé, 21 janvier 1680, des suites de ses blessures.

Son fils, Armand marquis de Saint-Hilaire (1652-1740), maréchal de camp le 29 janvier 1702, lieutenant général le 26 octobre 1704, est l'auteur de *Mémoires* intéressants.

29 juillet 1683

Henry de Hautefaye, marquis *de Jauvelle*.

Est devenu lieutenant général en 1688.

24 août 1688

Henry de Vivant de Noaillac, marquis *de Vivant*, né en 1622, fils de Jacques et de Marie de Denis.

Capitaine au régiment de cavalerie de Créqui, 1646. Mestre de camp, 1672. Brigadier de cavalerie, 25 février 1677. Maréchal de camp, 1688. Inspecteur de la cavalerie en Lorraine, 1689.

Mort, 28 juin 1691, à l'armée de Flandre.

Nous devons à l'obligeance de notre érudit collègue, M. Richard de Boysson, apparenté aux Vivant, la communication des portraits d'Henry et de Jean de Vivant.

Nous lui en exprimons ici notre bien vive reconnaissance.

25 avril 1691

Nicolas de La Brousse comte *de Verteillac* (1) ou de Vertillac, né au château de Saint-Martin-le-Peint (2) en 1648, de Thibaut et de Bertrande Du Chesne.

Sert aux gardes-françaises, 1662. Successivement capitaine au régiment Dauphin, major du régiment, lieutenant-colonel, inspecteur général de l'infanterie, gouverneur de Mons et du Hainaut et maréchal de camp. Lieutenant du roi en Périgord.

Blessé aux sièges d'Epinal, de Maestricht et de Dôle, à la bataille de Saint-Denis.

Tué à Bossut-sous-Valcourt en sauvant un convoi de blé et d'argent, le 3 juillet 1693, à l'âge de 45 ans. Il s'était trouvé à 27 sièges et 10 batailles.

Son buste se voit au Musée de Versailles.

Bibliogr. : *Nicolas de Labrousse et Marie-Madeleine-Angélique de Labrousse, comte et comtesse de Verteillac*, avec portraits, par A. Dujarric-Descombes (1910).

3 janvier 1696

François-Marie comte, puis marquis *de Hautefort.*

Lieutenant général en 1702.

29 janvier 1702

Charles-Armand de Gontaut, marquis, puis duc *de Biron.*

Lieutenant général en 1704. Maréchal de France en 1734.

---

(1) Verteillac, chef-lieu de canton de l'arrondissement de Ribérac.

(2) Commune du canton de Nontron.

HENRY MARQUIS DE VIVANT

Maréchal de camp en 1688

(Communication de M. RICHARD DE BOYSSON).

JEAN MARQUIS DE VIVANT

Lieutenant général en 1704

(Communication de M. RICHARD DE BOYSSON)

23 décembre 1702

Jean de Vivant de Noaillac, marquis *de Vivant*, fils d'Henry, maréchal de camp, et de Suzanne de Capvert.

Cornette dès 1675, il obtint en 1689 le régiment de son père et guerroya longtemps en Allemagne sous les ordres de Turenne, Créquy, Duras, Lorges, Choiseul et Joyeuse. Il fit campagne aussi en Italie, en Flandre, sur la Moselle et le Rhin, dans le Tyrol. Il combattit notamment à Steinkerque et à Malplaquet. Brigadier, 3 janvier 1696. Maréchal de camp, 1702.

Lieutenant général en 1704, le 26 octobre.

Mort en 1719, le 7 novembre.

26 octobre 1704

Guillaume *Saulnier* marquis *de Montplaisir*, fils de François et de Gabrielle de La Filolie.

Cornette dans Royal-Etranger en 1667, au régiment de Foix l'année suivante ; capitaine, 21 avril 1673 ; passé dans Royal-Piémont en 1679, dans le régiment de Roquelaure en 1684, major 20 février 1686, lieutenant-colonel 20 décembre 1688, mestre de camp d'un régiment de cavalerie de son nom, 1er février 1692. Troisième enseigne aux Gardes du Corps (compagnie de Villeroy), 1er mars 1694. Brigadier de cavalerie, 29 janvier 1702. Deuxième enseigne le 15 mars 1705, il fut blessé à Ramillies, devint premier enseigne le 25 juin 1706 et fut tué à la bataille de Malplaquet le 11 septembre 1709.

Son nom est inscrit sur les tables de marbre de la galerie de Versailles.

20 mars 1709

Gabriel chevalier *d'Hautefort.*

Lieutenant général en 1718.

Charles-Nicolas comte *d'Hautefort*, puis marquis de Saint-Chamans, fils de Jacques-François et de Marie Bailleul, né en 1662, mort le 17 février 1712.

D'abord mousquetaire, puis enseigne aux gardes-françaises

en 1678, sous-aide major et lieutenant en 1689, six fois blessé au siège de Mons, ensuite officier aux Mousquetaires, il fut créé brigadier d'infanterie à la fin de 1702 et maréchal de camp en 1709.

De son mariage avec Marie-Elisabeth de Creil (avril 1698), il laissa un fils Jacques-François de Sales d'Hautefort marquis de Saint-Chamans (1701-1742).

Henry d'Hautefort comte *de Bruzac.*
Lieutenant général en 1718.

Règne de Louis XV

8 mars 1718

Jacques de Vassal chevalier, puis marquis *de Montriel*, en Agenais.
Lieutenant général en 1734.

Jean-Louis comte *d'Hautefort-Bauzens.*
Lieutenant général en 1734.

20 février 1734

Charles-Gabriel de Belsunce marquis *de Castelmoron.*
Lieutenant général en 1738.

Jean-Baptiste *de Vassal* chevalier, puis comte *de Montriel,* né en 1673.

Enseigne au régiment Marine-infanterie, 1686 ; lieutenant, 1688 ; capitaine, 1690 ; major, 1694. Aide-major général d'infanterie à l'armée d'Italie, 1702. Colonel du régiment Dauphiné-infanterie, 1706. Inspecteur général d'infanterie, 1716. Brigadier, 1719. Maréchal de camp, 20 février 1734.

Décédé, 20 août 1735.

Campagnes d'Allemagne, 1690 à 1693 ; d'Italie, 1694 à 1696 et de 1701 à 1706 ; de Catalogne, 1697 et 1707 ; de Piémont, 1708 et 1709 ; de Flandre, 1710 à 1713 ; d'Espagne, 1719.

Henry-François comte *de Ségur.*
Lieutenant général en 1738.

19 juin 1734

Gabriel *de Rochon La Motte de La Peirouse*, né à Gap ou, selon la Biographie Michaud (1), en Périgord d'une famille noble de cette province.

Sous-lieutenant au régiment de Normandie, 1673; lieutenant au régiment de la Couronne, 1682. Major, 1702. Lieutenant-colonel, 1710. Colonel du régiment d'infanterie de Blésois, 25 août 1714, après la mort du marquis de Sauvebœuf. Nommé maréchal de camp pour sa conduite à Dantzig, où il se trouvait avec trois de ses neveux, et d'où on le retira de dessous les morts.

Grand-cordon de l'Ordre de Saint-Louis, 10 juin 1735.

Gouverneur de Valenciennes, 15 décembre 1736. Mort dans cette ville, 14 juillet 1738.

1er août 1734

Gabriel-Jacques de Salignac, marquis *de Fénelon*.

Lieutenant général en 1738.

18 octobre 1734

Louis-Antoine *de Gontaut* comte, puis duc *de Biron*.

Lieutenant général en 1743. Maréchal de France en 1757.

1er mars 1738

Marc-Antoine-Front de Beaupoil Saint-Aulaire marquis *de Lanmary*.

Lieutenant général en 1748.

1er janvier 1740

Pierre-Joseph Chapelle marquis *de Jumilhac*.

Lieutenant général en 1745.

Emmanuel-Dieudonné marquis *d'Hautefort*, Lamotte, Lerm et autres places, né le 13 février 1700, fils de Louis-Charles, lieutenant général, et de Louise d'Humières.

Il titrait : marquis d'Hautefort, de Surville et de Sarcelles, comte de Montignac, vicomte de Ségur, baron de Thenon, Juillac, etc., etc.

---

(1) Tome 79, p. 290, article par M. de Lapeyrouse-Bonfils qui lui attribue les prénoms de Théodore-Elie.

Colonel du régiment de Condé-infanterie. Brigadier, 1er août 1734. Maréchal de camp, 1er janvier 1740.

Ayant quitté le service pour raison de santé, il devint ambassadeur à Vienne le 12 juin 1749.

Mort le 30 janvier 1777.

Campagnes de Bohême et de Flandre. Blessé à Parme, 1734.

Chevalier de l'Ordre de Saint-Louis, 25 novembre 1734, et des Ordres du Roi, 1er janvier 1751.

Il épousa : 1° en 1727, Marguerite de Durfort-Duras ; 2° en 1738, Françoise d'Harcourt. D'où postérité : La duchesse d'Alençon, brûlée vive en 1897 à Paris, dans l'incendie du Bazar de la Charité, et sa sœur l'impératrice Elisabeth d'Autriche, assassinée à Genève par un anarchiste en 1898, étaient des descendantes du second lit d'Emmanuel d'Hautefort.

1er mai 1745

Charles-Antoine-Armand de Gontaut de Biron, marquis, puis duc *de Gontaut.*

Lieutenant général en 1748.

10 mai 1748

René *de Galard de Béarn* chevalier, puis marquis *de Brassac.*

Lieutenant général en 1759.

25 août 1749

Henry-Philippe marquis, puis comte *de Ségur.*

Lieutenant général en 1760. Maréchal de France en 1783.

10 février 1759

François-Louis de Salignac marquis *de Fénelon.*

Lieutenant général en 1762.

Joseph vicomte, puis comte *de Ségur-Cabanac.*

Lieutenant général en 1767.

20 février 1761

Gabriel-Marie de Talleyrand comte *de Périgord.*

Lieutenant général en 1780.

Arnault-Louis-Marie de Lostanges Sainte-Alvère, marquis *de Lostanges,* né le 3 septembre 1722.

Mousquetaire, 1736. Capitaine au régiment de cavalerie d'Anjou, 1739. Colonel du régiment des Cuirassiers du Roi, du 1er janvier 1748 au 30 mai 1760. Premier écuyer de Madame Adélaïde de France, par survivance de son beau-père, 2 mai 1754. Brigadier, 5 novembre 1758.

Il existe un portrait de lui, dessiné d'après nature à Compiègne en 1764, gravé à Bâle par Ch. de Mechel en 1765.

De son mariage avec Charlotte-Pauline Galluccio de l'Hôpital, il eut neuf enfants, dont l'évêque de Périgueux.

Armand vicomte *de Belsunce*.

Lieutenant général en 1762.

25 juillet 1762

Joseph marquis *de Fumel*.

Jacques *d'Arlot de Frugie comte de la Roque*.

Créés lieutenants généraux en 1780.

16 avril 1767

Louis-Marc-Jaubert *de Nanthiat*, dit le chevalier de Nanthiat, né au château de Nanthiat (1) le 31 octobre 1715, fils de Simon-Joseph et de Marie de Bordes, baptisé le 7 novembre suivant.

Page du Roi. Garde du corps du roi (compagnie de Noailles), 1733. Capitaine au régiment de Bauffremont, 14 mars 1735. Major au régiment du Roi-dragons, 15 décembre 1745 ; rang de lieutenant-colonel, 1er mai 1748. Brigadier, 20 février 1761. Lieutenant-colonel, 23 mars 1762. Maréchal de camp, 16 avril 1767.

Campagnes de Flandre, Italie, Bohême et Allemagne.

Plusieurs fois blessé.

Chevalier de l'Ordre de Saint-Louis, 3 juillet 1746.

Retraité en 1776, il revint habiter Nanthiat, chassa beaucoup et mourut en 1780.

Le chevalier de Nanthiat était frère de Pierre Jaubert, vicomte de Nanthiat (1714-1733), qui épousa au château de

(1) Commune du canton de Lanouaille, arrondissement de Nontron.

Lanmary, le 16 octobre 1740 (1), Célinie Leblond, fille de la belle Aïssé.

3 janvier 1770

Pierre-Marie Chapelle comte *de Jumilhac*.
Lieutenant général en 1784.

Charles-Daniel de Talleyrand-Périgord, comte *de Talleyrand*.
Lieutenant général en 1784.

André vicomte *de Bonneval*, né le 29 mai 1720 au château de Langle, baptisé le 30 à Saint-Amand le Petit (archiprêtré d'Aubusson), fils de Gabriel et de Marguerite d'Audubert.

Enseigne au régiment de Poitou, 15 mai 1731 ; lieutenant, 13 novembre 1732 ; capitaine, 1er avril 1737 ; major, 29 janvier 1755 ; lieutenant-colonel, 24 décembre 1757. Brigadier, 25 juillet 1762. Colonel du Régiment des Grenadiers royaux, 21 mai 1766. Maréchal de camp, 3 janvier 1770.

Décoré de l'Ordre de Saint-Louis, 1746.

A la bataille de Plaisance, il reçut plusieurs blessures et fut fait prisonnier. A Rosbach, il fut atteint d'un coup de fusil au bras droit et d'un coup de sabre au bras gauche.

Ses notes au Ministère de la Guerre nous le montrent comme un « homme essentiel, du meilleur exemple, ayant eu des actions distinguées à la guerre ».

Il habita « communément » la terre de Nanthiat, près Thiviers en Périgord, et commanda la garde nationale de sa commune.

Le 13 mars 1760, à Mayac, il épousa Marie-Denise de Jaubert de Nanthiat, née à Nanthiat le 19 janvier 1742, filleule, petite-fille et légataire du chevalier d'Aydie, petite-fille de la belle Aïssé et fille de Pierre de Nanthiat et de Célinie Leblond (2). D'où le marquis de Bonneval (Louis-César François), appelé le beau Bonneval pendant l'émigration, et deux filles : la vicomtesse d'Abzac et la comtesse de Calignon.

---

(1) Nous avons publié l'acte de mariage dans *Gardes du Corps du Roi*, page 90 du tirage à part.

(2) Cf. Henri Courteault, *Mlle Aïssé, le chevalier d'Aydie et leur fille* (avec un portrait de Mme de Bonneval), pages 64 et suivantes.

A partir d'octobre 1791, il habita quelque temps Périgueux. En 1794, il fut emprisonné à Port-Libre.

Pierre-Lucien Chapelle de *Jumilhac*, né le 18 octobre 1716.

Capitaine au bataillon de milice de Rouen, 1734. Mousquetaire à la 1re compagnie, 1737. Lieutenant au régiment Royal-étranger, 1743. Capitaine au régiment Dauphin cavalerie, 1748. Rang de colonel, 1758. Brigadier, 25 juillet 1762. Gouverneur de l'île de Sainte-Lucie, 1763-1764. Maréchal de camp, 3 janvier 1770.

Alexandre de Lostanges de Cadrieu *de Sainte-Alvère* comte *de Lostanges*, né à Sainte-Alvère le 22 août 1722.

Mousquetaire à la 1re compagnie, 15 août 1735. Capitaine au régiment Royal-dragons, 2 février 1742. Mestre de camp du Régiment Dauphin-dragons, 27 mars 1761. En 1764, il était noté : « De la plus grande valeur, il joint beaucoup de douceur à la fermeté militaire et conduit à merveille son régiment. » Brigadier de dragons, 22 novembre 1766. Maréchal de camp, 3 janvier 1770.

Blessé de sept coups de sabre à la bataille de Ziremberg (1), 1760.

Chevalier de l'Ordre de Saint-Louis, 1748, la même année que deux autres Lostanges.

Mort le 28 novembre 1777.

Règne de Louis XVI

1er mars 1780

A cette date, nous ne trouvons pas moins de sept Périgourdins qui furent promus maréchaux de camp.

Louis de Beaumont, comte de Beaumont et de La Roque, marquis de Saint-Géry, baron du Repaire, seigneur de Meyral, Castel, Ybirac, Saint-Aubin, L'Hermitage, Beaumont et autres places.

---

(1) La *Table historique de l'Etat militaire de France* (1758-1766) mentionne qu'il fut blessé, en cette affaire, de treize coups de sabre.

Plusieurs dates indiquées dans cet ouvrage ne concordent pas. (Communication de notre aimable collègue Maxime Déroulède.)

Né à La Roque, paroisse de Meyrals (1), le 30 avril 1728, et ondoyé le lendemain, baptisé le 27 février suivant, fils d'Armand comte de La Roque et du Repaire, et de Marie-Anne de Faurie.

Neveu du futur archevêque de Paris.

Gentilhomme à drapeau aux Gardes-françaises, 14 octobre 1743 ; enseigne, 26 janvier 1744 ; sous-lieutenant, 19 février 1745. Colonel aux grenadiers de France, 3 septembre 1759. Employé à l'armée de Soubise, 4 juin 1762. Commandant à Bergerac, 12 novembre 1763. A quitté les grenadiers de France, 31 décembre 1766. Brigadier, 22 janvier 1769. Maréchal de camp, 1er mars 1780.

Blessé pendant la guerre de Sept ans.

Commandant de la province de Périgord, il habitait en son château de La Roque-Meyrals.

Le 5 janvier 1761, il avait épousé Marie-Jacquette de Biran d'Armagnac, qui devint dame d'honneur de la Dauphine Marie-Josèphe.

Christophe de Beaumont, d'abord chevalier de Beaumont, et à partir de 1759 marquis de Beaumont ; seigneur de Beynac, Commarque, La Marthonie et autres places, frère du précédent (2).

Né au château de La Roque, paroisse de Meyrals, le 11 avril 1731, ondoyé le 13 avril dans la chapelle de l'une des tours et baptisé le 2 décembre suivant. Filleul du futur archevêque de Paris.

Cornette au régiment de Maugiron-cavalerie, 1744. Second enseigne aux Gardes-françaises, 1746 ; premier enseigne, 1747 ; sous-lieutenant, 1755 à 1757. Aide-major général d'infanterie à l'armée du Bas-Rhin, 1757.

La belle conduite qu'il montra à la bataille d'Hastenbeck (26 juillet 1757) lui valut les félicitations de Chevert et du

---

(1) Commune du canton de Saint-Cyprien, arrondissement de Sarlat.

(2) Le troisième fils d'Armand de Beaumont, Antoine vicomte de Beaumont (1733-1805), qui fut chef de division des armées navales, s'immortalisa par la prise du sloop anglais *L'Alerte*, puis par celle de la frégate *Fox*, du capitaine Windsor.

maréchal d'Estrées qui le proposèrent pour un brevet de colonel. Il avait vingt-six ans.

Le Ministre de la Guerre, marquis de Paulmy d'Argenson, lui envoya à cette occasion la lettre suivante :

Vous ne devez pas douter, Monsieur, que je n'aie vu avec beaucoup de plaisir les témoignages avantageux qui sont revenus de la distinction avec laquelle vous vous êtes comporté à la bataille d'Hastenbeck.

J'en ai rendu compte au Roi et j'ai trouvé Sa Majesté disposée à vous marquer sa satisfaction par l'avancement que vous désirez, quand Elle en aura l'occasion. Mais, en attendant, Elle me charge de vous mander qu'Elle vous accorde les appointements attachés à l'état d'aide-major, dont vous remplissez les fonctions. Je suis très aise que vous puissiez ressentir bientôt l'effet des dispositions favorables dans lesquelles Sa Majesté m'a paru être pour vous.

Je suis, etc. (1).

Le 10 février 1759, il fut nommé colonel du régiment de La Fère-infanterie (plus tard 52e régiment d'infanterie), où il succéda au marquis de Fénelon.

Il devint brigadier le 20 avril 1768, menin du Dauphin (Louis XVI) en 1770, gouverneur des ville et château de Domme le 20 septembre 1771, enfin maréchal de camp, le 1er mars 1780.

Il fit les campagnes de 1745 à 1748 en Flandre, et celles de 1757 à 1762 en Allemagne.

Il fut promu chevalier de l'Ordre de Saint-Louis, 20 mai 1759.

En 1789, il demeurait à Paris, île Notre-Dame, rue et paroisse Saint-Louis ; il portait le titre de premier baron du Périgord et donnait sa procuration pour l'élection des députés de la noblesse aux Etats-Généraux. Il habita aussi Saint-Jean-de-Côle.

Epoux de Marie-Claude de Beynac le 10 mars 1761, il eut pour fils Christophe-Armand-Paul-Alexandre vicomte de Beaumont, né à Paris, rue du Cherche-Midi, le 30 décembre

(1) Archives de famille. Lettre publiée par le P. Emile Régnault, *Christophe de Beaumont, archevêque de Paris*, I, 384.

1770, et baptisé le lendemain en l'église Saint-Sulpice, député de la Dordogne de 1824 à 1830, préfet des Basses-Pyrénées, chevalier de la Légion d'honneur, mort à Pau, le 12 juillet 1841.

Sa femme et sa fille, Marie-Elisabeth, furent détenues au château d'Hautefort sous la Révolution.

L'un des frères de Beaumont, maréchal de camp, fut nommé maire de Périgueux par lettres royales du 25 février 1781 que la ville refusa d'enregistrer. Ce ne fut que sur l'ordre du Roi qu'elle y consentit, le 1er août 1783. Il fut remplacé le 22 février 1786 (1).

Jean-Baptiste comte *Du Lau*, né au château de la Côte, paroisse de Biras (2), le 15 juin 1737, d'Armand et de Françoise de Salleton.

Mousquetaire en la 1re compagnie, 1752. Lieutenant en second dans le régiment du Roi, 11 mai 1753 ; enseigne, 18 décembre 1757 ; lieutenant, 5 mars 1758. Colonel aux grenadiers de France, 3 septembre 1759. Colonel du régiment d'Aunis, 3 janvier 1770. Gentilhomme d'honneur de Monsieur frère du roi, 1771. Employé à l'armée de Broglie, 1er août 1778. Maréchal de camp, 1er mars 1780. Chargé de l'inspection des troupes, 1780-1783. Inspecteur divisionnaire d'infanterie dans la 2e division d'Alsace, 1er avril 1788. Retraité, 1790. Lieutenant général honoraire, 13 août 1814.

Campagnes de 1757 à 1759, Allemagne.

Chevalier de l'Ordre de Saint-Louis, 4 août 1770 ; commandeur, 25 août 1787 ; grand-croix.

Décédé à Paris, le 29 août 1818.

Son frère cadet, Jean-Marie, né à la Côte le 29 octobre 1738, archevêque d'Arles, fut assassiné le 2 septembre 1792 à Paris.

Emmanuel-François marquis *de Lambertye*, né à Usson (Poitou), le 11 décembre 1729.

---

(1) A. de Froidefond, *Liste des maires de la ville et de la cité de Périgueux depuis 1200 jusqu'à 1873*, p. 86.

(2) Biras, commune du canton de Brantôme, arrondissement de Périgueux.

Maréchal de camp, 1er mars 1780.

N'émigra pas. S'établit à Saint-Martin l'Ars (Vienne), puis aux environs de Montbron (Charente).

Mourut à Paris le 26 avril 1814.

BIBL. *Généalogie* par A. Lecler, p. 166.

Louis-Raphaël-Lucrèce *de Fayolle comte de Mellet de Neufvic* (1), né à Périgueux le 24 janvier 1727, et baptisé le 27 en l'église Saint-Front, fils d'Henri et de Charlotte de Bertin (2). Neveu du ministre et contrôleur général Henri Bertin.

Mousquetaire gris, avril 1742 ; capitaine, 1747. Chef d'une brigade des Gardes du corps du roi de Pologne, 1760. Aide de camp du maréchal de Soubise, 1761. Enseigne à la compagnie Beauvau des Gardes du corps du Roi, 25 mars 1763 ; brigadier, 3 janvier 1770 ; lieutenant, 26 décembre 1772 ; lieutenant commandant d'escadron, 31 décembre 1775. Gouverneur et lieutenant général des pays du Maine, Perche et comté de Laval, et gouverneur particulier de la ville du Mans.

Chevalier de l'Ordre de Saint-Louis, 13 mars 1760 ; grand-croix, décembre 1797.

Campagnes de 1792 à 1801, armée de Condé. 1er colonel du régiment noble à cheval.

Lors de l'enlèvement du duc d'Enghien, il fut arrêté à Offenbourg (Bade), puis remis en liberté par ordre de Caulaincourt.

Il joua un rôle important dans les opérations électorales de la noblesse du Périgord en vue des Etats Généraux, et protesta contre la mésalliance de la noblesse avec la bourgeoisie.

(Cf. Bussière, *La Révolution en Périgord*, III, 64.)

De son mariage avec Elisabeth-Mélanie d'Aulseur, il eut un fils, Béatrix-Charles-Madelon, promu maréchal de camp en 1821.

Cf. notre étude sur les *Gardes du Corps*, p. 73.

---

(1) Neuvic-sur-l'Isle, chef-lieu de canton de l'arrondissement de Ribérac.

(2) Les portraits du comte et de la comtesse de Mellet ont été reproduits dans le *Bulletin* de la Société historique du Périgord, année 1906, page 321.

Charles-Félix comte *de Gontaut Saint-Geniès*, né aux Baudies, paroisse de Mauzac (1), le 14 février 1729, de Félix et d'Anne du Castein demoiselle de la Vigerie.

Cornette au régiment de Languedoc, 1743 ; lieutenant en second, 1748. Capitaine au régiment du Roi-dragons, 1750. Colonel du régiment de Tournaisis, 1761. Brigadier, 3 janvier 1770. Colonel du régiment du Perche-infanterie, 1775. Maréchal de camp, 1er mars 1780.

Blessé d'un coup de feu à l'épaule à Montalban, 1744 ; blessé à Coni, 1745, et à Tortone, 1746. Blessé au village de Warenhof, près de Brunswick, en 1757, d'un coup de feu au travers du corps, d'un coup de feu à la jambe et d'un coup de feu à la tête en défendant son poste, tandis que M. de Villemur établissait ses quartiers. Il tint plus de trois heures contre 800 hommes ; il ne lui resta que 13 dragons, le reste ayant été tué ou mis hors de combat.

Commandeur de l'Ordre de Saint-Louis, 25 août 1797, avec pension de 3.000 livres.

Mort aux Baudies le 10 septembre 1793. Il était veuf d'Anne-Marie de Montferrand.

Louis chevalier *de Talleyrand Périgord*, né à Paris le 10 août 1735, baptisé le lendemain en l'église Saint-Sulpice, fils du marquis Daniel et de Marie-Elisabeth Chamillart.

Son père, Daniel-Marie-Anne de Talleyrand, mousquetaire en 1732, colonel du régiment de Normandie depuis 1737, brigadier d'infanterie, périt au siège de Tournai le 30 avril 1745 dans des circonstances dramatiques. Il fut enlevé et mis en pièces avec huit soldats par l'explosion de deux barils de poudre. Les assiégés rejetèrent dans la tranchée, en tenant des propos insultants, les membres qui étaient tombés en partie dans le chemin couvert de Sept-Fontaines ; mais les Français indignés sortirent de la tranchée et se montrèrent sur le chemin malgré le feu des remparts.

Très aimé du maréchal de Saxe, Daniel de Talleyrand était également chéri de ses grenadiers. Le Roi donna à son fils,

(1) Commune du canton de La Linde, arrondissement de Bergerac.

Gabriel-Marie, le régiment de Normandie. Ce fut celui-ci qui porta à la Cour les cinq drapeaux pris sur l'ennemi à Berg-Op-Zoom.

D'abord enseigne de vaisseau, Louis de Talleyrand fit cinq campagnes dans la marine. Ensuite capitaine dans un régiment, 3 août 1758. Colonel aux grenadiers de France, 22 novembre 1761. Brigadier, 3 janvier 1770. Premier écuyer de Madame Sophie de France.

Colonel du régiment provincial de Périgueux, du 4 août 1771 au 18 mai 1773, il démissionna en faveur du vicomte de La Roche-Aymon, ancien garde du Corps à la compagnie écossaise, capitaine au régiment de cavalerie de Noailles.

Maréchal de camp, 1er mars 1780.

Ambassadeur extraordinaire à Naples, 14 janvier 1784.

5 décembre 1781

Louis Anne-Marie baron *de Talleyrand-Périgord*, né à Paris le 11 octobre 1738, frère du précédent.

Le 13 avril 1754, Clairambault, généalogiste des Ordres du Roi, certifiait que Louis-Marie-Anne de Talleyrand, né le 11 octobre 1738, et baptisé le même jour en l'église paroissiale de Saint-Sulpice à Paris, était fils de feu Marie-Anne-Daniel de Talleyrand de Périgord, appelé le marquis de Talleyrand comte de Grignols, colonel du régiment de Normandie et brigadier d'armée, tué au siège de Tournai en 1745, et de dame Marie-Elisabeth Chamillart, son épouse.

Il certifiait que la maison de Talleyrand d'ancienne chevalerie, prétendant être sortie de celle des anciens comtes de Périgord, portait, avant le XIIIe siècle, le nom de Grignols, terre située dans le Périgord (1), la seconde des quatre principales (2) de ce pays et érigée en comté l'an 1614 ; que le premier d'entre ceux de cette Maison qui avait pris le surnom de Talleyrand était Hélie seigneur de Grignols en 1277, fils

(1) Grignols, commune du canton de Saint-Astier, arrondissement de Périgueux.

(2) Il y a là une inexactitude, les quatre baronnies du Périgord étant Beynac, Biron, Bourdeille et Mareuil.

de Boson de Granhol (depuis prononcé Grignols) et mari d'Agnès dame de Chalais ; que la postérité de cet Hélie, dans laquelle on trouve de grandes et illustres alliances et des qualifications distinguées, telles que celles de chevalier banneret, de chambellan des Rois de France, s'est divisée en deux branches principales, dont la première est celle des Princes de Chalais, titre qu'ils portent depuis environ 250 ans, décorée de la dignité de Grand d'Espagne, et la seconde est celle dont est issu ledit sieur Talleyrand-Périgord (1).

Les services de Louis-Marie Anne de Talleyrand ont été les suivants :

Chevau-léger de la Garde, 8 avril 1754. Lieutenant au régiment Dauphin-cavalerie, 25 décembre 1756 ; capitaine, 21 avril 1759. Mestre de camp, 26 novembre 1761. Nommé au régiment Royal-Piémont, du 3 janvier 1770 au 26 février 1777. Brigadier, 1er mars 1780. Maréchal de camp.

Campagnes de 1757 à 1762 en Allemagne. A eu un cheval tué sous lui à la bataille de Crevelt en 1758.

Chevalier de l'Ordre de Saint-Louis, 4 août 1770.

Epoux de Louise-Fidèle de Montigny.

César-Pierre-Thibault de La Brousse, chevalier marquis *de Verteillac,* comte de Saint-Mayme, baron de la Tour Blanche, seigneur de Saint-Martin le Pin, de Saint-Front de Champniers, de la Bourière et autres lieux, né le 8 octobre 1729.

Cornette au régiment de Penthièvre, 1742 ; capitaine, 1748. Guidon des gendarmes anglais avec rang de lieutenant-colonel, 21 août 1759. Premier cornette des chevau-légers de Berry, 19 avril 1760. Rang de mestre de camp, 1762. Brigadier, 1780. Maréchal de camp, 5 décembre 1781.

Campagnes de Bohême 1742, d'Allemagne 1743, de Flandre 1744 à 1748, d'Allemagne 1757-59, 1761-62.

Contusionné à la bataille de Fontenoy.

Chevalier de l'Ordre de Saint-Louis, 9 février 1760.

Gouverneur et grand sénéchal du Périgord, le marquis de Verteillac présida à Périgueux, en l'église Saint-Front (mars

(1) Arch. de la Guerre, Maréchaux de camp, dossier 2912.

1789), l'assemblée générale des trois états de la Province de Périgord. Député suppléant de la noblesse.

Antoine-Louis marquis *de Belsunce*, né à Paris le 18 août 1741, d'Antonin-Armand, capitaine des gendarmes bourguignons, grand louvetier de France et sénéchal des provinces d'Agenois et Condomois, et de Charlotte-Alexandrine d'Heudicourt.

Enseigne au régiment de Belsunce, 1753 ; lieutenant, 1756 ; capitaine, 1759 ; aide de camp du maréchal de Contades ; réformé, 27 avril 1761. Aide de camp du vicomte de Belsunce, 1761. Mestre de camp du régiment de Belsunce-dragons, 1764. Brigadier, 1er mars 1780. Maréchal de camp, 5 décembre 1781.

Campagnes de 1759 en Allemagne, 1761, 1762 à l'armée de Soubise.

Chevalier de l'Ordre de Saint-Louis, 13 mars 1771.

1er janvier 1784

Jacques-Gabriel de Chapt *comte de Rastignac*, né à Villars (1) le 20 mars 1736, fils de Louis seigneur comte de Puyguilhem, Villars, Millac, l'Encontrade et autres places, et de Suzanne Du Lau.

Mousquetaire à la 1re compagnie, 13 mars 1749. Capitaine au régiment de Damas-cavalerie, 1758. Second cornette aux Chevau-légers de la Reine, 7 décembre 1759. Enseigne des gendarmes Dauphin, 20 février 1761. Pensionné, 1er octobre 1779. Maréchal de camp, 1er janvier 1784. Commanda une brigade d'infanterie en Guienne, 1788. Lieutenant général, 1816.

Campagnes de 1758 en Allemagne et de 1760-62.

En 1767, il épousa Rosalie-Angélique d'Hautefort, dite Mlle de Champien, qui mourut en 1791 au château de Vaugoubert et fut inhumée à Villars. D'où quatre fils et une fille.

Léonard-Alexis comte *de Chalup de Fareyrou*, né à Fareyrou, paroisse Saint-Blaise d'Annesse (2), le 17 juillet 1738, de François et d'Isabeau de Maniac.

(1) Commune du canton de Champagnac-de-Belair, arrondissement de Nontron.

(2) Annesse-et-Beaulieu, commune du canton de Saint-Astier, arrondissement de Périgueux.

Page du roi, 1754. Cornette aux Carabiniers, 1756 ; sous-aide major, 1758 ; capitaine, 1760. Aide-major de gendarmerie, 1764. Rang de mestre de camp, 1766. Maréchal de camp, 1er janvier 1784. Inspecteur des troupes, 1786. Inspecteur divisionnaire de cavalerie en Picardie, 1788. Démissionnaire, 17 décembre 1791 (1).

Avait fait six campagnes.

Commandeur de l'Ordre de Saint-Louis, 15 novembre 1796.

Jean comte *de Saint-Exupéry*, sgr du Fraysse, de Larche, de Paulin, La Lande, La Salvagie, né au château de Lyle, paroisse de Paulin (2), sénéchaussée de Sarlat, le 16 mai 1735, fils de Jacques seigneur du Fraysse, capitaine au régiment du Gâtinais, et de Marie de Saint-Exupéry. Son père, colonel d'infanterie, fut tué à la bataille de Plaisance.

Il était le filleul et neveu de Jean de Saint-Exupéry, docteur de Sorbonne et doyen du chapitre de Paris.

Mousquetaire à la 1re compagnie, 7 mai 1748 ; rang de capitaine, 1754. Exempt des gardes du corps (compagnie Villeroy), 8 février 1758 ; rang de mestre de camp, 1766 ; lieutenant, 1776. Brigadier, 1er mars 1780. Commandant d'escadron, 1783. Maréchal de camp, 1er janvier 1784. Pensionné, avril 1788.

Campagnes de 1761 en Westphalie avec les gardes du corps, et de 1762 en Portugal comme aide de camp du Prince de Beauvau.

Chevalier de l'Ordre de Saint-Louis, 17 juin 1770.

Il épousa à Paris, le 13 septembre 1756, Jeanne Anne Madeleine de Cugnac de Dampierre (3).

Philibert marquis *de Fumel Monségur*, né à Lisle (4), le 13 juin 1742, et baptisé le 16 juin, fils du marquis de Fumel, seigneur baron de Monségur et de Lisle, et de Charlotte de Bertin.

Neveu du contrôleur général Bertin.

(1) *Mémoires de Rochambeau*, p. 387, 389.

(2) Commune du canton de Salignac, arrondissement de Sarlat.

(3) Cf. notre étude sur les *Gardes du Corps*, p. 30.

(4) Commune du canton de Brantôme. C'est à tort que les Biographies mentionnent qu'il naquit à Agen.

Mousquetaire à la 1re Compagnie, 31 août 1760 ; rang de capitaine, 24 juin 1763. Lieutenant de roi de la ville de Bordeaux, 1er janvier 1766. Cornette aux Chevau-légers de la Garde du roi avec rang de mestre de camp, 31 mai 1767. Gentilhomme d'honneur de Monsieur, 1771. Gouverneur de la ville de Tallard, en remplacement du vicomte de Saint-Chamans, 4 mai 1772. Mestre de camp en second du régiment de Belsunce-dragons, 18 avril 1776. Enseigne aux Chevau légers de la Garde, 8 novembre 1777 ; brigadier, 1er mars 1780 ; sous lieutenant, 27 mai 1782. Lieutenant général de Beaujolais, de Forez et d'Angoumois, 8 septembre 1782. Député de la noblesse d'Agen aux Etats-Généraux, 26 mars 1789 ; démissionnaire, 2 août 1791. Emigre.

Une lettre qu'il adressa à son ami Custine (août 1792) pour la reddition de Landau aux Princes français fut livrée à la publicité.

Campagne de 1762 en Allemagne comme aide de camp du maréchal de Soubise.

La *Biographie Moderne* le fait mourir en Allemagne pendant l'émigration.

Si l'on en croit le *Dictionnaire des Parlementaires* (III, 82), il rentra en France vers 1802 et ne put vendre que pour deux cents francs et quelques sacs de noisettes son beau château de Bonaguil, près Fumel (Lot-et Garonne).

Armand-Louis Gontaut de Biron duc *de Lauzun*.
Lieutenant général en 1792.

Armand-Joseph marquis *Du Lau du Chambon*, né à Bourzac, paroisse de Nanteuil (1), le 22 juillet 1733, de Henri et d'Anne de Ribereyx.

Au régiment de Normandie, 1746. Lieutenant, 1750. Capitaine, 1755. Lieutenant-colonel au régiment de Soissonnais, 1768. Au régiment de Normandie, 1776. Colonel du 4e régiment provisoire, 1776. Brigadier, 1er mars 1780. Maréchal de camp, 1er janvier 1784.

---

(1) Nanteuil-de Bourzac, commune du canton de Verteillac.

Blessé à Berg-op-Zoom par éclat de bombe et à Klostercamp par deux coups de feu.

Pierre-François Gabriel *de Marcuil comte de Villebois*, né à Angers le 19 avril 1732.

Mestre de camp du régiment du Roi-dragons. Maréchal de camp, 1er janvier 1784. Gouverneur de la Guyane, 2 février 1787.

Chevalier de l'Ordre de Saint-Louis.

Mort à Cayenne, le 22 octobre 1788.

Epoux de Marie-Jeanne-Philippe Bardet des Glércaux.

On trouve son portrait dans l'*Histoire généal. de la Maison de Villebois-Mareuil*, publiée à Angers en 1909, par le baron Godefroy de Villebois-Mareuil.

Pierre de Saint-Angel chevalier *de La Garde*, né à Saint-Angel (1), le 7 juin 1727, de Nicolas et de Renée de La Porte au Loup.

Lieutenant au régiment d'Enghien, 8 juin 1743. Capitaine dans Royal-vaisseaux, 1745. Lieutenant-colonel, 1767. Brigadier, 1er mars 1780. Maréchal de camp, 1er janvier 1784.

Campagnes de 1743 à 1747.

Blessé au combat de l'Assiette, 1747.

François vicomte *de Foucauld*, né à La Renaudie, paroisse de Lembras (2), le 18 mars 1726, de Messire Léon seigneur de Blis, et de Suzanne de Teyssière.

Mousquetaire, mars 1742. Lieutenant au régiment d'Enghien, 1744 ; aide-major, 1750 ; capitaine, 1759. Major du régiment de l'Ile-de-France, 1766 ; rang de lieutenant-colonel, 1770. Lieutenant-colonel, 1777. Brigadier, 1er mars 1780. Maréchal de camp, 1er janvier 1784.

Campagnes de 1744 à 1748 et de 1757 à 1760, en Allemagne et en Flandre.

Blessé à la bataille de Hastenbeck, 1757.

Chevalier de l'Ordre militaire de Saint-Louis, 1768.

N'émigra pas et resta à Lembras. Prévenu de correspondre avec son fils à Malte, il fut arrêté, détenu à la maison d'arrêt

(1) Commune de Sceau-Saint-Angel, canton de Champagnac-de-Bélair.

(2) Commune du canton de Bergerac.

de Périgueux, puis remis en liberté par ordre du Comité de sûreté générale le 26 novembre 1794.

9 mars 1788

Joseph-Marie vicomte de *Ségur-Cabanac.*

Alexandre-Guillaume Galard de Béarn comte *de Brassac*, né à Paris le 26 janvier 1741, fils de Anne-Hilarion, lieutenant des vaisseaux du roi, et d'Olympe de Caumont de La Force.

Mousquetaire, 1756. Aide de camp de Chevert, 1758. Capitaine au régiment de Chartres-cavalerie, 1762. Colonel aux grenadiers de France, 1770. Colonel du régiment provincial de Limoges, 1771. Colonel en second du régiment de Hainaut, 1776. Colonel du 2e régiment provincial d'état major, puis du 3e, 1778. Colonel commandant du régiment de Bresse, 7 août 1778. Brigadier, 5 décembre 1781. Maréchal de camp, 9 mars 1788.

Eut son cheval blessé d'une balle et d'un coup de baïonnette à la bataille de Lutzelberg, 1758.

Louis-Mathieu-Benoît baron *de Fumel*, frère du marquis Philibert, maréchal de camp.

(V. ci-dessus.)

Jean-Armand-Henry-Alexandre comte, puis marquis *de Gontaut-Biron.*

Lieutenant-général en 1815.

Claude-Vincent-Amable Roqueplan baron *de L'Estrade.*

Lieutenant général en 1792.

Abraham-Frédéric vicomte *d'Hautefort*, né à Paris le 17 avril 1748, de Emmanuel comte de Montignac, baron de Thenon, et de Françoise-Claire d'Harcourt.

Mousquetaire de la garde du roi, 1764. Capitaine au régiment de Belsunce-dragons, 1766; au Royal Etranger cavalerie, 1769. Rang de colonel, 1771. Colonel en second du régiment de Flandre-infanterie, 1772. Mestre de camp du régiment de Hainaut-infanterie, 1780. Brigadier des armées du roi, 1784.

Chevalier de l'Ordre royal de Saint-Louis, 2 avril 1782.

Arrêté le 2 vendémiaire. Condamné à mort par le tribunal révolutionnaire de Paris, 6 juillet 1794.

Il fut guillotiné avec sa femme, Marie d'Hautefort de Vaudre, qu'il avait épousée en 1773, et laissa deux fils et une fille.

Joseph-Emmanuel-Auguste-François comte puis marquis *de Lambertye*, né au château de l'Epine, près Usson (Poitou), le 25 septembre 1748, fils du maréchal de camp Emmanuel-François.

Lieutenant-général en 1814.

Avait été député de la noblesse du Poitou aux Etats-Généraux en 1789.

Emigra pendant la Révolution.

Mort à Paris, le 22 avril 1819.

Cf. *Généalogie*, par A. Leclerc.

Jean-Louis Bardon marquis *de Segonzac*, né au château de Segonzac (1) le 5 août 1739, de Marc baron de Segonzac, et de Marie-Anne de Guise.

Page du roi, 1754. Cornette au régiment Dauphin cavalerie, 1759 ; capitaine, 1762 ; réformé, 6 avril 1763. Exempt aux Gardes du corps du roi (compagnie de Luxembourg), 30 décembre 1764 ; rang de mestre de camp, 14 janvier 1772 ; sous-lieutenant, 1er janvier 1776 ; lieutenant, 2 avril 1780 ; lieutenant commandant d'escadron, 20 décembre 1782. Brigadier, 1er janvier 1784. Maréchal de camp, 9 mars 1788.

Retiré avec 6.000# de pension, 6 mars 1789.

Campagne de 1762 en Allemagne.

Mort au château de Segonzac, 10 juillet 1810, sans hoirs (2).

Louis-Cosme comte *de Beaupoil de Sainte-Aulaire*, né à Condat-sur-Vézère (3), le 10 septembre 1741, fils de J.-B. comte du

---

(1) Commune du canton de Montagrier.

(2) Cf. nos *Gardes du Corps*, p. 93.

(3) Commune du canton de Terrasson, arrondissement de Sarlat.

Pavillon, et de Catherine de Baillot de Ladournat, baptisé le 12.

Chevau-léger de la garde du Roi, 25 juillet 1754, sur la présentation de son oncle, l'abbé de Sainte-Aulaire, aumônier ordinaire de la Reine. Cornette au régiment de Monteux-cavalerie, 1er février 1757. Lieutenant au Corps des carabiniers, 1er mars 1759 ; sous-aide major, 1er avril 1761 ; commission de capitaine, 4 juin 1762 ; aide-major, 18 août 1764.

« En 1764, jusqu'en 1767, je commandais en chef, conjointement avec M. de Livron, l'école générale de la cavalerie ; j'avais celle d'Angers, et M. de Livron celle de Saumur, sous le commandement général de M. de Poyanne. »

Exempt aux Gardes du Corps (1), 8 août 1767 ; sous-aide major, 9 avril 1769 ; aide-major, 5 mai 1771 ; enseigne, 30 septembre 1771 ; lieutenant chef de brigade, 1er janvier 1776. Brigadier des armées, 1er janvier 1784.

Il fut chargé, le dimanche 27 mars 1785, de venir annoncer à l'Hôtel de Ville, à Paris, la nouvelle de la naissance du duc de Normandie (futur Louis XVII).

Arrivé à 8 heures 10 du soir, en bottes, porteur de son bâton de commandement, il monta au bureau sans huissiers et fut conduit à l'audience par le greffier de la Ville, précédé de deux huissiers en robes noires. Il fit part de sa mission au Corps de Ville.

Le prévôt des marchands lui offrit une tabatière d'or émaillée, enrichie de diamants et ornée d'un portrait de la Reine, d'une valeur de 3.600 livres.

M. de Sainte-Aulaire remercia. On le reconduisit solennellement jusqu'à la grand'porte.

Maréchal de camp, 9 mars 1788.

Commandant d'escadron des gardes du Corps, 28 août 1789, jusqu'au licenciement, 15 août 1791.

Il se trouva de service auprès du Dauphin à Versailles, toute la nuit du 5 au 6 octobre 1789, lorsque le château fut assailli par les femmes et les hommes de Paris. A deux heures du

---

(1) Cf. notre étude sur les *Gardes du Corps du Roi*, p. 39.

matin, il esquiva un coup de baïonnette dirigé sur sa poitrine par un milicien versaillais et n'eut que son habit effleuré. Au matin, il réveilla Mme de Tourzel, déposa un bougeoir sur son lit et lui déclara qu'il n'y avait pas un moment à perdre pour porter M. le Dauphin chez le Roi. Déjà, les insurgés rôdaient sous les fenêtres et cherchaient à forcer l'entrée. Il revint près du Dauphin qu'il mit dans la voiture royale, fit le voyage de Paris et rentra chez lui à dix heures du soir.

Il émigra.

Chevalier de l'Ordre de Saint-Louis, 5 mai 1771.

Blessé aux batailles de Crevelt et de Minden : « Je me suis trouvé à toutes batailles et combats qui ont eu lieu pendant la durée de la guerre de Sept ans, et ai constamment été employé par les généraux dans l'état-major de l'armée pour l'assiette des camps et approvisionnements. »

Le général Cosme Sainte-Aulaire écrivait (s. d.) au Grand Conseil d'administration de la Légion d'honneur la lettre suivante :

J'ai toujours servi mon pays avec tout le zèle dont j'ai été capable, et, par mon application, j'ai acquis des connaissances dans la partie des chevaux, à laquelle je me suis particulièrement adonné. Il me serait doux, avant la fin de ma carrière, de pouvoir consacrer encore à ma patrie le fruit de mes études et de mon expérience. J'ose me flatter de pouvoir être de quelque utilité pour l'administration des haras qui sont attribués à la Légion d'honneur, si vous daignez m'admettre au nombre des citoyens qui feront partie de cet établissement honorable.

Depuis le licenciement du Corps dans lequel je servais, j'ai employé dans la commune que j'habite toute l'influence que m'y donne la confiance de mes concitoyens, à y maintenir le calme et l'union, et j'y suis parvenu, comme à faire partager à tous les habitants les sentiments d'attachement et d'admiration dont je suis pénétré pour le Gouvernement.

Sous la Restauration, il fut promu lieutenant général le 21 septembre 1814 et grand-croix de l'Ordre de Saint-Louis le 1er novembre 1816.

Il mourut à Paris le 25 mars 1822.

Charles-Michel vicomte *de Gontaut-Biron Saint-Blancard*, né à Saint-Blancard d'Astarac (Gers), le 6 novembre 1751.

Au régiment des gardes-françaises, 1766. Rang de colonel, 1772. Maréchal de camp, 9 mars 1788. Lieutenant général honoraire, 7 novembre 1814.

Grand-croix de l'Ordre de Saint-Louis.

Décédé à Toulouse, 6 janvier 1826.

Il avait épousé D[elle] Joséphine de Montaut.

François-Hubert de Lavergne *de Cerval*, né à Belves le 21 novembre 1735, de Pierre et d'Anne d'Aubusson.

. Enseigne au régiment de Beaujolais, 1746 ; capitaine, 1756. Aide major général de l'infanterie du Bas-Rhin, 1761. Capitaine aux grenadiers de France, 1763. Major du régiment de Nivernais, 1767. Rang de lieutenant-colonel, 1770. Colonel du 2e régiment provincial d'état-major, 1779. Brigadier, 1784. Mestre de camp des grenadiers de l'Ile-de-France, 1784 ; et des grenadiers royaux de Normandie, même année (1). Maréchal de camp, 9 mars 1788.

Campagnes de Mahon, 1756 ; campagnes d'Allemagne, 1757-1760.

Blessé en 1760.

Chevalier de l'Ordre de Saint-Louis, 1er mai 1771.

Epousa au château de Marqueyssac, le 11 avril 1774, Louise-Madeleine de Vernet de Marqueyssac, d'où postérité.

1er mars 1791

Joseph Alexandre *de Ségur*.

Elie-Charles *de Talleyrand Périgord prince de Chalais*, né le 3 août 1754.

Rang de sous-lieutenant au régiment Royal-Pologne, 3 août 1770 ; rang de capitaine de cavalerie, 4 août 1772. Capitaine-commandant aux Carabiniers, 2 juin 1774 ; réformé, 1775. Mestre de camp en second du régiment Royal-Pologne

---

(1) En 1788, il porta plainte devant le sénéchal de Sarlat contre le curé de Bouilhac.

[Arch. Dordogne, B. 1594.]

cavalerie, 1er mars 1778. Commandant du régiment Royal-Normandie, 3 mars 1785. Maréchal de camp, 1er mars 1791.

Emigré, 1791.

Sert à l'armée des Princes jusqu'au 31 décembre 1792.

Elevé au grade honorifique de lieutenant-général, 21 février 1816.

Elie *Ledrier de Meynot*, né à Fouguerolles, juridiction de Montravel, diocèse de Périgueux (1), le 30 janvier 1718, de Jean et de Marie Locard ; baptisé le 6 février.

Lieutenant au régiment de Cambis, 22 août 1743 ; aide-major, 6 août 1744 ; capitaine, 6 juin 1746 ; major, 15 août 1758. Réformé, 5 avril 1763. Rang de lieutenant-colonel, 1768. Lieutenant-colonel du régiment provincial de Limoges, 1771 ; du régiment de Béziers, 1773. Réformé, 1775. Maréchal de camp pour retraite, 1er mars 1791.

Un autre Elie Ledrier ou Lesdrier dit de La Roque, né à Fouguerolles le 1er mars 1726, servit au régiment de Cambis en 1747, passa dans Royal en 1762 et fut réformé en 1749, puis reprit du service en 1758 comme capitaine aide-major.

Léonard-Pierre *de la Bourlie chevalier de Montalembert*, né au château de la Bourlie, paroisse de Paleyrat (2), le 28 juin 1730.

Enseigne au régiment de Conti, 1748 à 1749 ; lieutenant, 1752 ; capitaine, 1757 ; capitaine de grenadiers, 1772 ; chef de bataillon, 1774 ; capitaine commandant, 1776. Commandant du bataillon de garnison de Poitou, 10 mai 1778 ; commandant du bataillon de garnison de Beaujolais, 31 juillet 1778. Rang de lieutenant-colonel, 22 janvier 1779. Maréchal de camp, 1791.

Campagnes de Gênes, 1748 ; d'Allemagne, 1758 à 1761 ; de Corse, 1768 à 1770.

---

(1) Fougueyrolles, commune du canton de Vélines, arrondissement de Bergerac.

(2) Commune du canton de Cadouin. Au château de la Bourlie naquit, le 21 janvier 1738, Jean-François de Montalembert, vicaire-général de Sarlat, doyen du chapitre de cette cathédrale en 1784.

Chevalier de l'Ordre de Saint-Louis, 8 avril 1772.

Est détenu sous la Révolution et a ses biens séquestrés.

Joseph *Valleton de Boissière de Garraube*, baptisé à Liorac (1) le 26 juin 1743, fils de Pierre Valleton, écuyer seigneur de Garraube, et de Marie Aster de Gorse.

Sert au régiment de Penthièvre, 1763. Gendarme de la garde du roi, 1767. Exempt des Cent-Suisses, 1778 ; enseigne, 1783 ; rang de lieutenant-colonel, 1785 ; rang de colonel, 13 septembre 1789.

Maréchal de camp, 1er mars 1791.

Louis-Philippe comte *de Ségur d'Aguesseau*, né à Paris le 10 septembre 1753, de Henri-Philippe marquis de Ségur, seigneur de Fouguerolles, Ponchat, Romenville et autres lieux, et de Louise-Anne-Madeleine de Vernon.

Sous-lieutenant dans Mestre-de-camp cavalerie, 1769 ; capitaine, 1772. Colonel du régiment d'Orléans dragons, 1776. Colonel en second du régiment de Soissonnais, 1782. Colonel des dragons de Ségur, 1783. Ministre plénipotentiaire en Russie. Maréchal de camp, 1er mars 1791. Député. Conseiller d'Etat. Grand maître des cérémonies. Membre de l'Académie française.

Mort à Paris le 28 avril 1830.

18 mai 1791

De Prioreau (Guillaume), né à Bergerac le 24 août 1736 ou 1737.

Garde du corps du roi, 1er juin 1755 ; commandant du manège du Corps à Versailles, 1er octobre 1758 ; rang de capitaine, 1768 ; sous-brigadier, 1er mai 1770. Gouverneur des pages du Dauphin. Prévôt général de la maréchaussée des voyages et chasses du roi, 15 mars 1775. Rang de lieutenant-colonel, 5 janvier 1779 ; de colonel, 4 mars 1790. Maréchal de camp, 18 mai 1791.

Emigra, 4 août 1791.

Grand prévôt de l'armée des Princes à Coblentz, 15 juin 1792. Passe en Angleterre après le licenciement.

(1) Commune du canton de La Linde.

Lieutenant général, 22 février 1815, avec rang du 18 mai 1801.

Campagne de 1761 en Westphalie sous les ordres du maréchal Prince de Soubise.

Chevalier de l'Ordre de Saint-Louis, 7 août 1778.

Nous avons indiqué son rôle, à Versailles, le 5 octobre 1789 (1).

20 mai 1791

Pierre-Jean *Lascases de Beauvoir,* né au château de Mazières en Périgord, paroisse de Saint-Barthélemy de Mazières, diocèse de Sarlat, le 23 octobre 1750, fils de Pierre-Gaston marquis de Beauvoir, baron de Gelaz, seigneur de Mazières, du Péré et autres places, et d'Anne-Jeanne Dabadie.

Page du roi en la petite Ecurie, 1766. Second enseigne aux Gardes françaises, 24 janvier 1770 ; premier enseigne, 6 décembre 1772. Colonel à la suite de l'infanterie, 6 novembre 1774. Mestre de camp en second de Penthièvre-infanterie, 18 avril 1776. Mestre de camp commandant du régiment de Languedoc, 11 novembre 1782. Maréchal de camp, 20 mai 1791.

Emigre, 1791.

Aide de camp de M. de Crussol à l'armée des Princes, 1792 ; licencié, 20 juin 1793.

Chevalier de l'Ordre de Saint-Louis, 1785.

1er août 1791

Jean-Pierre comte *de Lambertye,* chevalier seigneur de Saint-Sornin, né à Saint-Sornin (Charente), le 26 février 1734.

Lieutenant général en 1815.

Mort à Metz le 27 mars 1811.

Cf. *Généalogie,* par A. Leeler.

Jacques-Joseph *de L'Estrade,* né à Sommières (Languedoc), le 4 octobre 1730, descendant d'une maison de la châtellenie de Nontron, puis de La Cousse, Le Breuil, Verrières, La Roche et Bouilhens en Périgord.

(1) *Gardes du Corps du Roi,* p. 41, note.

Dès l'âge de quatre ans, il était sous lieutenant au régiment de Santerre-infanterie, auquel son père appartenait comme capitaine. Enseigne, 1740 ; lieutenant, 1746 ; capitaine, 1748 ; réformé, 1749. Capitaine au régiment de Béarn, 1755 ; au régiment des recrues de Poitiers, 1766. Commandant du fort Chapus (île d'Oléron), 1766. Retraité, 1792, avec le grade de maréchal de camp.

Campagnes de 1741 à 1743, Allemagne et Bohême ; 1744 à 1748, Italie.

Chevalier de Saint-Louis, 16 mai 1762.

Eut un fils mort pendant les guerres de l'émigration, et deux filles : Virginie et Zoé.

25 août 1791

Du Lau d'Allemans (Pierre-Marie, vicomte), né à Champniers (1) le 25 mars 1752, de Jean-Louis-Antoine et de Marie-Magdeleine Le Coigneux.

Garde du corps du roi, 1766-1772. Capitaine dans le régiment de Condé-dragons, 4 août 1772. Mestre de camp en second du régiment d'Agénois, 1er mars 1778. Mestre de camp commandant du régiment de Saintonge, 1er juillet 1783. Maréchal de camp employé, 25 août 1791 ; démissionnaire, 13 mai 1792.

Emigre. Cesse de servir, 31 décembre 1798. Rentre en France, juillet 1802.

Lieutenant général honoraire, le 7 novembre 1814 (rang du 13 août).

Embarqué pour l'Amérique, octobre 1778 (2). Armée de Saint-Domingue, jusqu'en 1783. Armée de Condé, 1792. Armée britannique à Saint-Domingue, 1794-98.

Commandeur de l'Ordre de Saint-Louis.

Décédé à Paris, le 26 juillet 1818.

Bibliogr. : *Le vicomte de Vormeuil* ou confidences d'un lieutenant général à son fils (Paris, 1850, in-8°).

---

(1) Commune du canton de Bussière-Badil.

(2) Cf. *Combattants périgourdins de la guerre américaine*, par J. Durieux page 10.

28 novembre 1791

Jacques-Gabriel *vicomte de Chapt de Rastignac*, né le 9 août 1747, frère du comte Jacques-Gabriel, maréchal de camp.

Au service depuis 1763. Colonel du régiment de Bourgogne-infanterie, 1788.

Chevalier de l'Ordre de Saint-Louis, 5 juillet 1781.

Maréchal de camp, 28 novembre 1791.

Emigra.

Promu lieutenant général honoraire le 30 octobre 18 6.

Epoux de D[elle] Julie de Windt, il décéda à Paris, en son hôtel de la rue d'Astorg, sans laisser de postérité (1).

Une question à présent se pose. On peut se demander si la Chronologie générale du « commis » Pinard, qui a servi de base jusqu'en 1762, à cette Chronologie particulière, est absolument complète et ne commet aucun oubli. Nous n'oserions répondre par l'affirmative, sans incriminer le diligent et parfait archiviste qu'a été Pinard.

En effet, on devrait encore mentionner ici, au moins pour mémoire, plusieurs personnages d'origine périgourdine qui portèrent effectivement le titre de maréchal de camp, quoique leurs noms ne figurent point sur la liste officielle du Ministère de la Guerre. Il nous paraît équitable d'en faire état :

Jean *Chapt de Rastignac*, 4e du nom, fils d'Adrien et de Jeanne d'Hautefort, maréchal de camp le 26 janvier 1601 (2), et dont la baronnie de Rastignac fut érigée en marquisat le 12 mars 1617.

Louis s[r] de Maine, baron *de Chabans*, favori de Louis XIII, gouverneur de Mussidan, maréchal dés camps et armées du Roi, général de l'artillerie de Venise, guerrier et écrivain (3).

Charles marquis *d'Hautefort*, comte de Montignac, baron

---

(1) *Notice hist. et généal. de la Maison Chapt de Rastignac* (1858).

(2) *Ibid.*

(3) M. de Montégut lui a consacré une notice, avec portrait, dans le *Bulletin* de la Soc. hist. et arch. du Périgord, 1908, p. 357-9.

de Thenon, pair du Périgord, breveté maréchal de camp en 1615, mort à Poitiers l'année suivante (1). Il fut le père de Jacques-François, aussi maréchal de camp, et de la belle Marie d'Hautefort.

Armand *d'Aydie de Ribérac*, député aux Etats-Généraux, tué au siège de La Rochelle (2).

Raymond *de Beaupoil Sainte-Aulaire* baron de la Luminade et seigneur de la Garde (1617-1679), maréchal de camp en 1653 (3).

Antoine *Joumard de Chabans* marquis de la Chapelle-Faucher et autres places, que fait connaître le baptême, en 1684 (4), du fils qu'il eut de Suzanne de Losse, son épouse.

Philibert-Hélie *de Pompadour*, conseiller du Roi, marquis de Laurière, baron de Nontron, seigneur de Piégut, Augignac et Saint-Estèphe, gouverneur et sénéchal du Périgord, décédé au château de Nontron et inhumé au Bourdeix (5).

Encore d'autres noms peut-être. « Que de labeurs pour certifier qu'il a existé des cendres ! » soupirait Châteaubriand en terminant ses *Mémoires d'outre-tombe*.

Ici s'arrête l'honorable nomenclature, opiniâtrément poursuivie, des officiers généraux de l'Ancien Régime.

En la dressant, nous avons mis tous nos soins à éviter des lacunes et des inexactitudes. C'est une contribution nécessaire à l'histoire du Périgord, tout au moins une accumulation de matériaux utiles, un canevas pouvant servir à des études développées et approfondies. Mais un tableau de cette nature, et pour une durée pareille, risque fort de n'être pas complet ; il appelle obligatoirement des rectifications et des compléments.

Aussi, avant de mettre un point final à cette énumération

(1) *Généalogie de la Maison d'Hautefort*, p. 136 et s.

(2) La Chenaye Desbois et Badier, II (3e édition), p. 136.

(3) Champeval, *Dictionnaire généal. des familles de la Corrèze*, II, p. 36.

(4) *Inventaire sommaire des archives dép. de la Dordogne*, série E suppl., II (Nontron), p. 100.

(5) *Ibid.*, p. 35.

laborieuse, est-il prudent d'insérer la clause qui est de style dans les inventaires, d'adjoindre la mention naturelle des bilans commerciaux : « Sauf erreur ou omission. »

Et nous demandons, simplement, qu'on excuse les fautes du catalogueur.

***

Enfin, il convient de récapituler les résultats auxquels aboutit cette exploration à travers les âges. Ainsi qu'on a pu le constater, le Périgord a été pour les armées de terre une véritable pépinière de généraux. De 1577 à 1792, il a compté sept maréchaux de France. De la fin du XVIe siècle aux dernières promotions de Louis XVI, le nombre d'officiers généraux qu'il a fournis dépasse la centaine. Pareil dénombrement a bien son éloquence. Il démontre le rôle militaire qu'ont joué les Périgourdins, la part notable qu'ils ont prise aux destinées de la patrie. Certains d'entre eux tombèrent sur les champs de bataille, les armes à la main, sous la bannière du Roi, qui alors symbolise la cause nationale et patriotique : le maréchal Armand de Biron, les lieutenants généraux Saint-Abre et Fénelon, les maréchaux de camp Verteillac et Saulnier de Monplaisir. A côté des plus grands noms de l'armorial, les Gontaut-Biron, les Caumont La Force, les Ségur, les Talleyrand-Périgord, nous avons rencontré les brillantes phalanges des D'Abzac de Ladouze, D'Arlot de Frugie la Roque, Bardon de Segonzac, Beaumont, Belsunce, Boisseuil, Bourdeille, Chalup, Chapt de Rastignac, Ferrières-Sauvebeuf, Foucauld, Galard-Béarn Brassac, Hautefaye de Jauvelle, Hautefort (cinq lieutenants généraux et quatre maréchaux de camp), Joumart de La Brangelie, Jumilhac, La Baume de Forsac, La Cropte Saint-Abre, La Garde de Saint-Angel, Lambertye, Du Lau d'Allemans et du Chambon, Lavergne Cerval, Ledrier de Meynot, Lostanges Sainte-Alvère, Pons de Saussignac, Prioreau, Sainte-Aulaire, Salignac, Souillac de Montmège, Taillefer de Barrière, Vassal, Vivant.

La conclusion se dégage évidente : la province de Périgord toujours a bien servi le royaume de France. Par l'épée vaillante des capitaines illustres, autant que par l'intrépide valeur des soldats obscurs, elle fut la collaboratrice active, loyale et dévouée, de l'ancienne Monarchie française. Si loin qu'on remonte dans le passé, pour descendre ensuite jusqu'à la page d'histoire la plus actuelle, la Race maintient la tradition chevaleresque et ne forligne pas ; elle accroît même l'héritage de gloire. Sa valeur est de tous les temps.

DU MÊME AUTEUR :

Le Périgord militaire

Gendarmes de la Garde du Roi, une brochure in-8°, 19[illegible]

Gardes du Corps du Roi au XVIIIe siècle, une brochure in-8, 1922.

Ouvrage couronné par l'Académie nationale des Sciences. Belles-Lettres et Arts de Bordeaux.

La Dordogne militaire

Généraux et Soldats de la Révolution et de l'Empire d'après les Archives et les Mémoires, in-8°, 1920.

Ouvrage couronné par l'Académie Française, Prix Montyon.

www.ingramcontent.com/pod-product-compliance
Lightning Source LLC
LaVergne TN
LVHW050421160826
845677LV00002BA/478

* 9 7 8 2 3 2 9 7 3 2 5 3 4 *